O MILAGRE ESPINOSA

Dados Internacionais de Catalogação na Publicação (CIP)
(Câmara Brasileira do Livro, SP, Brasil)

Lenoir, Frédéric, 1962-
   O milagre Espinosa : uma filosofia para iluminar nossa vida / Frédéric Lenoir ; tradução Marcos Ferreira de Paula. – Petrópolis, RJ : Vozes, 2019.

Título original: Le miracle Spinoza – une philosophie pour éclairer notre vie
Bibliografia.
ISBN 978-85-326-6263-7

1. Autoconhecimento 2. Filosofia moderna 3. Spinoza, Baruch (1632-1677) – Crítica e interpretação I. Título.

19-28525   CDD-199.492

Índices para catálogo sistemático:
1. Spinoza : Filosofia holandesa   199.492

Maria Alice Ferreira – Bibliotecária – CRB-8/7964

FRÉDÉRIC LENOIR

O MILAGRE ESPINOSA

UMA FILOSOFIA PARA ILUMINAR NOSSA VIDA

Tradução de Marcos Ferreira de Paula

EDITORA VOZES

Petrópolis

© Librairie Arthème Fayard, 2017

Título do original em francês: *Le miracle Spinoza – Une philosophie pour éclairer notre vie*

Direitos de publicação em língua portuguesa – Brasil:
2019, Editora Vozes Ltda.
Rua Frei Luís, 100
25689-900 Petrópolis, RJ
www.vozes.com.br
Brasil

Todos os direitos reservados. Nenhuma parte desta obra poderá ser reproduzida ou transmitida por qualquer forma e/ou quaisquer meios (eletrônico ou mecânico, incluindo fotocópia e gravação) ou arquivada em qualquer sistema ou banco de dados sem permissão escrita da editora.

CONSELHO EDITORIAL

Diretor
Gilberto Gonçalves Garcia

Editores
Aline dos Santos Carneiro
Edrian Josué Pasini
Marilac Loraine Oleniki
Welder Lancieri Marchini

Conselheiros
Francisco Morás
Ludovico Garmus
Teobaldo Heidemann
Volney J. Berkenbrock

Secretário executivo
João Batista Kreuch

Editoração: Elaine Mayworm
Diagramação: Sheilandre Desenv. Gráfico
Revisão gráfica: Lindsay Viola
Capa: Rafael Nicolaevsky

ISBN 978-85-326-6263-7 (Brasil)
ISBN 978-2-213-70070-0 (França)

Editado conforme o novo acordo ortográfico.

Este livro foi composto e impresso pela Editora Vozes Ltda.

Não zombar, não lamentar, não detestar, mas compreender.
Baruch de Espinosa

Sumário

Apresentação – O milagre Espinosa, 9

I – O revolucionário político e religioso, 19
    1 Conversão filosófica, 21
    2 Um homem ferido, 29
    3 Um pensador livre, 35
    4 Uma leitura crítica da Bíblia, 43
    5 Espinosa e o Cristo, 57
    6 Uma traição do judaísmo?, 63
    7 O precursor das Luzes, 71

II – O mestre de sabedoria, 79
    1 A *Ética*, um guia para a felicidade perfeita, 81
    2 O Deus de Espinosa, 88
    3 Aumentar em potência, perfeição e alegria, 98
    4 Compreender esses sentimentos que nos governam, 105
    5 Cultivemos o desejo, 113
    6 Para além do bem e do mal, 120
    7 Liberdade, eternidade, amor, 126

Conclusão – Grandeza e limites do espinosismo, 137

Posfácio – Uma conversa com Robert Misrahi, 143

Referências, 153

Apresentação

O milagre Espinosa

A vida tem às vezes curiosas malícias. Dois homens, entre os maiores gênios da humanidade, nasceram a menos de um mês de intervalo, viveram muito modestamente a alguns quilômetros um do outro, morreram relativamente jovens (com 43 e 44 anos) e bastante pobres para deixar dívidas a seus herdeiros. Ainda que suas obras tenham tido um certo brilho durante sua vida, foi somente dois séculos após o desaparecimento deles que o seu gênio foi reconhecido e que sua influência se tornou planetária. Um era pintor, o outro era filósofo.

Ambos nasceram nos Países Baixos em 1632. Johannes Vermeer e Baruch de Espinosa jamais se encontraram. Há, no entanto, além de suas biografias, um espantoso parentesco em suas obras: a luz. A qualidade da luz dos interiores de Vermeer faz eco às luminosas demonstrações de Espinosa; elas nos fazem olhar o homem e o mundo de outra forma.

Encontrei Espinosa muito tardiamente, mas foi um dos encontros mais marcantes de minha existência. Foi então que compreendi por que Vermeer era sem dúvida o pintor que mais me tocava: a harmonia que revela a luz de suas telas tem sobre mim, como o pensamento do filósofo, um efeito profundamente apaziguante.

Quando, no início dos anos de 1980, fiz meus estudos de filosofia na universidade, Espinosa não estava inscrito no programa oficial. Apenas tinha sido evocado durante um curso de filosofia política. Foi somente em 2012, durante a redação de minha obra *Du bonheur, un voyage philosophique**, que verdadeiramente descobri o pensamento desse filósofo judeu de origem portuguesa, que viveu nos Países Baixos no século XVII. Foram dois amigos, finos conhecedores de Espinosa, Raphaël Enthoven e Bruno Giuliani, que ademais me colocaram na pista da *Ética* e eu os agradeço vivamente: foi amor à primeira vista. Inicialmente – como todas as paixões em que ocorre um efeito de espelho – porque encontrava aí muitos aspectos de minha própria visão de mundo. Em seguida, porque ele me conduzia por trilhas que eu não tinha ainda explorado e me obrigava a me colocar novas e pertinentes questões. Há cinco anos, frequento-o quase cotidianamente. O filósofo se tornou um amigo querido, mesmo se não partilho necessariamente todas as suas ideias. Malgrado as numerosas provações de sua breve existência, a alegria está no coração da filosofia de Espinosa, e sua influência me incitou a escrever dois anos mais tarde, quando atravessava eu mesmo uma provação de vida, *La puissance de la joie***.

Certamente, a leitura de sua obra maior, a *Ética*, não é fácil. Eu a li muitas vezes, e algumas passagens me restam ainda obscuras. Mas pouco importam as dificuldades; retiro dela incessantemente novos esclarecimentos que afinam meu espírito, me inundam no entusiasmo, mudam às vezes meu olhar e me ajudam a viver melhor. Espinosa é um desses autores que podem mudar uma vida. De Bergson a Einstein, contam-se muitos grandes pensadores que reconhecem uma dívida profunda para com ele. Quero dar aqui

---

* *Sobre a felicidade – Uma viagem filosófica*, publicado em 2016 pela Editora Objetiva [N.T.].

** *A potência da alegria*. No Brasil este livro foi traduzido com o título *O poder da alegria* e publicado em 2017 pela Editora Objetiva [N.T.].

apenas o testemunho de Goethe, porque ele exprime de forma tão justa a maneira pela qual Espinosa pode iluminar nossa inteligência e apaziguar nosso coração, e isso, mesmo se nosso temperamento parece ser bastante diferente do seu. Eis o que escreve o autor do *Fausto* em suas Memórias:

> Eu tinha recebido em mim a personalidade e a doutrina de um homem extraordinário, de uma maneira incompleta, é verdade, mas experimentava já notáveis efeitos. Esse espírito, que exercia sobre mim uma ação tão decidida, e que devia ter sobre minha maneira de pensar uma tão grande influência, era Espinosa. Com efeito, após ter buscado em vão no mundo inteiro um meio de cultura para minha natureza estranha, acabei por cair sobre a *Ética* desse filósofo. O que pude extrair dessa obra, o que pude nela colocar de meu, eu não saberia relatar; mas encontrava aí o apaziguamento de minhas paixões; uma grande e livre perspectiva sobre o mundo sensível e o mundo moral parecia se abrir diante de mim. [...] de resto, não se pode ademais desconhecer aqui que, propriamente falando, as mais íntimas uniões resultam de contrastes. A calma de Espinosa, que apazigua tudo, contrastava como meu *élan*, que agitava tudo; seu método matemático era o oposto de meu caráter e de minha exposição poética, e era precisamente esse método regular, julgado impróprio às matérias morais, que fazia de mim seu discípulo apaixonado, seu admirador mais pronunciado. [...] Eu me aplicava a essa leitura, e acreditei, olhando para mim mesmo, jamais ter tido uma visão tão clara do mundo[1].

O que Goethe sublinha de tão surpreendente é o contraste entre o caráter geométrico particularmente árido da *Ética* e a força de apaziguamento que essa obra pode proporcionar, notadamente sobre os tipos mais apaixonados. Espinosa tem a ambição de demonstrar, de maneira quase objetiva, a inteligência e a harmonia profundas que unem todo o real. Partindo de Deus, definido como a substância única do que é, ele espera mostrar que tudo tem uma causa – da ordem cósmica à desordem de nossas paixões – e que tudo se explica pelas

---

1 GOETHE, J.W. *Mémoires*. Hachette, 1893, p. 537, 572 [trad. Jacques Porchat].

leis universais da Natureza. Todo caos é apenas aparente; o acaso, como os milagres, não existe.

Mas, se há um milagre que a gente gostaria de desmascarar por um exato conhecimento das causas é de fato o milagre Espinosa! Como esse homem pôde, em menos de duas décadas, edificar uma construção intelectual tão profunda quanto revolucionária? Pois, como veremos, o pensamento de Espinosa constitui uma verdadeira revolução política, religiosa, antropológica, psicológica e moral. Tomando a razão como único critério da verdade, ele se põe de imediato no universal e no intemporal, porque ela é a mesma para todos os homens de todos os tempos. Eis por que sua mensagem não tem nada a temer pelo desgaste do tempo ou pelas singularidades de seu nascimento. O racionalismo, como se sabe, foi iniciado por Descartes sobre a base do dualismo. De um lado, o mundo material; de outro, o mundo espiritual. Espinosa se coloca igualmente sobre a égide da razão, mas ultrapassa largamente essa clivagem. Seu pensamento rigorosamente geométrico desconstrói os sistemas existentes para erigir uma filosofia que não faz mais a separação entre o Criador e a criação, o espiritual e o material, mas apreende em um mesmo movimento o homem e a natureza, o espírito e o corpo, a metafísica e a ética.

Esse ato de violência intelectual, Espinosa o realiza num século XVII em que triunfam os obscurantismos, as intolerâncias, o fanatismo. Insensível aos conformismos – suas obras serão condenadas por todas as religiões –, ele libera o espírito humano das tradições e dos conservadorismos. E isso em todos os domínios. No século XX, Albert Einstein encontra em sua obra o prolongamento metafísico da revolução física que ele opera. Mas sua concepção do homem é igualmente contemporânea. Ele reconciliou o corpo e a mente, reconstituiu o quebra-cabeça dos sentimentos, do pensamento e das crenças. Atualmente, mesmo o célebre neurocientista Antonio Damasio vê em Espinosa o precursor de suas teorias sobre as emoções. Não inspirou ele igualmente as Luzes, a exegese bíblica, a história das religiões, não foi ele filólogo, sociólogo e etólogo muito antes que essas disciplinas se constituíssem?

Espinosa é seguramente genial, e a gente pena às vezes em seguir sua potência intelectual, mas sua abstração visa apenas propor uma sabedoria que não traça nenhuma via imperativa para permitir a cada um encontrar o caminho da alegria. "Que homem, que cérebro, que ciência e que espírito!", exclamava já Flaubert a seu propósito. Será preciso, contudo, esperar o século XX para que os progressos das ciências humanas, mas também da biologia, venham ainda confirmar muitas de suas teses. Acrescentemos que ele falava correntemente o flamenco, o português e o espanhol; que podia ler o italiano, o alemão e o francês, assim como quatro línguas antigas: o hebreu bíblico, o aramaico, o grego e o latim.

A construção da *Ética*, com seu aparato de axiomas, definições, proposições, demonstrações, corolários e escólios, é complexa e torna sua leitura árdua, mas suas outras obras são redigidas de maneira mais fluida e acessível. Espinosa escreve, como as cartas de seu tempo, em um latim sem firulas e utiliza o vocabulário clássico da metafísica provindo da escolástica medieval, tal como aquele utilizado por Descartes algumas décadas antes. Como esse vocabulário nos é às vezes muito distante, eu o explicarei na medida em que as teses espinosistas forem apresentadas nesta obra. Ademais, ele escreveu relativamente pouco e, em razão da perseguição de que foi vítima, só publicou duas obras durante sua vida: *Os princípios da filosofia cartesiana* (1663) e o *Tratado teológico-político* (1670). Suas outras obras foram publicadas um ano após sua morte, em 1678: o *Breve tratado*, o *Tratado da reforma da inteligência* (inacabado), a *Ética* (concluída em 1675), o *Tratado político* (inacabado), um *Compêndio de gramática hebraica* (inacabado), assim como dois breves tratados científicos, descobertos posteriormente, e dos quais não se está certo que sejam de sua autoria: o *Cálculo de probabilidades* e o *Tratado do arco-íris**. A isto se pode acrescentar suas 48 cartas que foram conservadas, numa correspondência de 84 cartas, caso se contem as respostas de seus diversos interlocutores[2].

Além de seus escritos e sua correspondência, sua vida nos é conhecida por cinco outras fontes: o prefácio das *Obras póstumas* (1678, breve, mas confiável); o artigo que lhe consagrou Pierre Bayle em seu *Dictionnaire historique et critique* (1697, fascinado pelo sábio, mas hostil a suas ideias, ele é voluntariamente irônico); o prefácio de Sébastian Kortholt à reedição do *Tratado dos três impostores*, escrito por seu pai 20 anos mais cedo (1700, Espinosa sendo um dos três impostores); a *Vida de Espinosa*, do pastor luterano Jean Colerus (1704, ele refuta as ideias de Espinosa, mas é tocado pelo homem e levado a uma investigação séria sobre sua vida); e, em 1719, *A Vida e o Espírito de Bento de Espinosa*, do médico francês Jean-Maximilien Lucas (um discípulo de Espinosa que se inspirou em documentos antigos, provindos de pessoas próximas ao filósofo)**.

---

* Atualmente, todas as obras de Espinosa estão publicadas em português, no Brasil. Ao leitor interessado, indicamos particularmente a edição bilingue da *Ética*, publicada pela Edusp em 2015, assim como as edições também bilíngues da *Ética*, do *Breve tratado* e dos *Princípios da filosofia cartesiana e pensamentos metafísicos*, publicadas pela Editora Autêntica. A Editora WMF Martins Fontes oferece boas traduções do *Tratado teológico-político*, do *Tratado político* e do *Tratado da reforma da inteligência*. Recentemente, a Editora da Unicamp publicou uma belíssima tradução do *Tratado da emenda do intelecto*. As obras completas de Espinosa foram publicadas em 2014 pela Editora Perspectiva, e ainda que haja aqui e ali alguns erros de tradução que por vezes comprometem a clareza e o entendimento dos textos, são recomendáveis sobretudo porque elas oferecem ao leitor interessado obras de Espinosa que até então não haviam sido traduzidas para o português, como o *Compêndio de gramática hebraica*, toda a *Correspondência* – além da primeira biografia do filósofo escrita por Colerus [N.T.].

2 Quando citar Espinosa, utilizarei como base as *Œuvres complètes* publicadas pela Biblioteca da Pléiade, muito bem traduzidas por R. Caillois, M. Francès e R. Misrahi, ainda que às vezes eu faça nelas algumas ligeiras modificações para facilitar a clareza de exposição.

** Há tradução em português dessa obra: *A Vida e o Espírito de Bento de Espinosa – Tratado dos Três Impostores*. São Paulo: Martins Fontes, 2007 [N.T.].

Espinosa explica na *Ética* que nossos pensamentos e nossos sentimentos estão intimamente ligados. Eu me esforçarei, portanto, o quanto for possível, para esclarecer seu pensamento por sua vida, utilizando essas diferentes fontes, sem evitar às vezes assinalar eventos que permanecem sujeitos a debate. Contudo, conhecem-se suficientemente os fatos para se ter uma ideia bastante clara da personalidade e do modo de vida desse filósofo, o qual procurou durante toda sua existência pôr em coerência seu pensamento com seus atos. E é justamente por isso que Espinosa nos é tão próximo e é de fato mais do que um simples pensador: ele é antes de tudo um sábio que busca mudar nosso olhar a fim de nos tornar livres e felizes, como ele próprio o foi.

Em seu sistema filosófico, Espinosa põe a razão no centro de tudo. Ele está convencido, e tentará demonstrá-lo, que a totalidade do real – das longínquas galáxias ao coração do ser humano – é regida por leis imutáveis, que explicam todos os fenômenos. "O homem não é um império num império"[3], explica. Ele é uma parte da natureza e obedece às leis universais do ser vivo. Ele não tem nenhum privilégio que lhe confira um estatuto à parte na criação – vê-se aqui uma potente ruptura com toda a teologia judaica e cristã, mas também com o pensamento de Descartes. Seu comportamento responde, como todo fenômeno natural, a leis de causalidade que basta conhecer para compreender. Convencido de que a razão é capaz de apreender os mecanismos que nos determinam, Espinosa propõe uma via de liberação fundada sobre uma observação minuciosa de nós mesmos, de nossas emoções, de nossos desejos, de nossa constituição física, o que, por si só, nos tornará livres.

Essa convicção de que o real é totalmente inteligível é a pedra angular de todo o edifício espinosista. Para ele, nada é irracional.

---

[3] *Ética*, prefácio da parte III.

Certamente, nós podemos adotar um comportamento julgado irracional, mas este se explica por causas que basta descobrir. O ciúme ou a cólera, mesmo a mais louca, têm explicação tão lógica quanto uma tempestade ou uma erupção vulcânica. Pode-se então compreender essa expressão que Espinosa utiliza por três vezes em suas obras: "Não zombar, não lamentar, não detestar, mas compreender"[4]. Escolhi essa frase como epígrafe deste livro porque ela resume maravilhosamente a intenção de Espinosa que prevalece em sua abordagem filosófica: em vez de reagir face aos eventos com nossas emoções, tentemos compreendê-los. Quando tivermos compreendido que tudo tem uma causa e apreendido o encadeamento das causas que produziram tal evento natural ou tal ação humana, não estaremos mais nem no julgamento moral, nem no sarcasmo, nem na queixa, no ódio ou na cólera. Poderemos ter um olhar racional, justo, e, portanto, apaziguado, sobre qualquer situação. Isso não elimina a condenação ou a crítica de tal ou tal ação, mas encararemos, por exemplo, um crime como se considerássemos um terremoto: alguma coisa de terrível, mas lógica, em vista do encadeamento das causas naturais que estão na sua origem. As consequências podem ser trágicas, mas elas não são jamais irracionais, e é tão vão odiar um criminoso quanto odiar a natureza na origem de um terremoto. Vê-se por aí o quanto Espinosa é um precursor da psicologia profunda, mas compreende-se melhor também por que ele exprime tão frequentemente sua admiração pelo pensamento do Cristo (embora ele não tenha nenhuma inclinação pela religião cristã, ou qualquer outra religião) – este não cessava de repetir: "Não julgue!", e disse aquelas palavras tão fortes, quando estava morrendo sobre a cruz e a turba zombava dele: "Pai, perdoem-lhes, porque eles não sabem

---

4 Início do *Tratado político*, terceira parte da *Ética* e "Carta 30 a Henry Oldenburg". Prefiro traduzir por "não zombar" em vez de "não rir" (*non ridere*), que se presta à confusão. Pois Espinosa não tem nada contra o riso, pelo contrário, mas critica aqui a zombaria, esse riso às custas do outro, que constitui uma paixão triste.

o que fazem". Se ela soubesse, não teria zombado daquele inocente injustamente condenado e teria, ao contrário, agido para que ele fosse libertado. A ignorância, como já afirmavam Buda e Sócrates, é a causa de todos os males. Inversamente, o conhecimento abre a via à mudança, à ação apropriada, à liberdade.

Essa leitura totalmente "desapaixonada" dos eventos da vida pode, é claro, suscitar críticas. A análise que a sustenta permanece, a meu ver, profundamente justa. Compreende-se então, e nós voltaremos a isso, por que Espinosa não faz nenhum julgamento sobre os atos humanos: ele busca antes compreendê-los para melhorá-los. Vencer o mal atacando suas causas profundas lhe parece, além disso, mais útil do que passar seu tempo a se indignar, se lamentar, detestar e condenar, o que nos dispensa muitas vezes de agir. É um dos aspectos da filosofia de Espinosa no qual imediatamente me reconheci. Através de todas as minhas obras e minhas intervenções nas mídias, procuro compreender e explicar seriamente antes que me engajar nas polêmicas apaixonadas, frequentemente estéreis. Ocorre-me evidentemente de me indignar ou de estar revoltado, mas não faço disso uma postura e procuro ultrapassar minhas emoções para compreender, mas também agir (através, principalmente, de uma fundação para a educação do *saber-ser* e do *viver-junto*, e uma associação em favor do bem-estar animal[5]).

Eis aqui uma das razões pelas quais, caro leitor, Espinosa é não somente um pensador inspirador, mas também um amigo. Eu vos farei descobrir muitas outras ao longo deste livro que escrevi com alegria.

---

5 Cf. fondationseve.org e ensemblepourlesanimaux.org

I
O revolucionário político e religioso

I

O revolucionário político e religioso

1
Conversão filosófica

> *Toda a nossa felicidade e nossa miséria dependem somente da qualidade do objeto ao qual nos atamos por amor.*

Os antepassados de Baruch de Espinosa eram muito provavelmente judeus espanhóis expulsos em 1492 e que encontraram refúgio em Portugal. A maior parte desses exilados eram conversos, convertidos ao catolicismo (mais frequentemente sob coerção), e alguns dentre eles, que eram chamados com desprezo de "marranos", continuavam a praticar secretamente o judaísmo*. Ameaçados novamente de expulsão, muitos judeus tiveram que receber um batismo forçado, enquanto outros emigraram para o Império otomano, algumas cidades da Itália e, no fim do século XVI, para as Províncias Unidas dos Países Baixos, quando estas se emanciparam da tutela da Espanha. Fundada em 1581, a República das Províncias Unidas dos Países Baixos tornou-se no curso do século XVII uma federação comercial considerável, ao

---

* Na Idade Média, *converso* ou *cristão-novo* eram nomes dados aos judeus e muçulmanos que eram obrigados a se converter ao cristianismo na Espanha, Portugal e, posteriormente, no Brasil. Normalmente, continuavam a praticar sua religiosidade no âmbito privado, em sigilo. *Marrano* era um termo pejorativo que, dentre outras coisas, significava *porco* ou *imundo*. Era um termo aplicado aos mouros e judeus convertidos, suspeitos de se manterem leais a suas tradições religiosas, por conta da aversão islâmica e judaica à carne de porco [N.T.].

mesmo tempo marítima e colonial, rivalizando com a Inglaterra, a França e a Espanha. Quando nasce Baruch de Espinosa, em 1632, as Províncias Unidas possuem os mais importantes portos navais e o mais potente banco da Europa. Mas é também uma terra de asilo para aqueles que fogem das perseguições políticas e religiosas. Ainda que majoritariamente calvinistas, os holandeses toleram a presença de numerosas seitas protestantes, católicas e judaicas. Mesmo se elas são às vezes reprimidas, as opiniões políticas e filosóficas mais diversas podem aí se desenvolver melhor do que em qualquer outra parte da Europa. É nesse novo lugar de tolerância que muitos judeus vêm se estabelecer.

O avô de Baruch de Espinosa, Pedro Isaac Espinhosa, cujo nome significa "aquele que vem de um lugar cheio de espinhos", deixa Portugal pela França – ele viveu algum tempo em Nantes –, antes de se instalar definitivamente em Amsterdã. Seu pai, Michael, desenvolve um pequeno negócio de produtos importados das colônias no bairro judeu da cidade, a apenas duas ruas da casa de Rembrandt[6]. Ele tem uma filha, Rebeca, e um filho, nascidos de um primeiro casamento. Após a morte de sua esposa, ele se casa novamente com Hannah e eles têm dois filhos: Myriam e Baruch. Mas a desgraça o atinge novamente, e ele perde sua esposa. Ele se casa uma terceira vez com Ester, que lhe dá um filho: Gabriel. A infância de Baruch (nome hebraico que significa "abençoado" e que se traduzirá frequentemente em sua vida cotidiana por sua versão portuguesa: Bento) é, portanto, perturbada pelo falecimento de sua mãe, quando ele não tem ainda 6 anos. Michael é um homem muito religioso, e também um dos principais financiadores da Sinagoga Talmud-Torah, dirigida por uma forte personalidade, o rabino erudito Saul Morteira. Michael muitas vezes fez parte do *parnassim*, o conselho da comunidade, que

---

[6] A casa natal de Espinosa estava situada no n. 57 da Breestraat. Ela foi destruída, como a maior parte das velhas casas do bairro judeu. Atualmente, esse local é a sede da *Igreja Católica Moisés e Aarão*.

toma as decisões importantes e nomeia os rabinos. Desde sua tenra infância, Baruch foi, portanto, enviado à escola judaica da sinagoga, onde ele aprendeu a ler a Bíblia em hebraico, a observância da lei e os debates talmúdicos. Segundo seu discípulo Lucas, ele suscitava a admiração de todos pela vivacidade de seu espírito, e o rabino Morteira depositava grandes esperanças nele, esperando provavelmente que ele lhe sucedesse um dia. Todavia, precisa o biógrafo, "ele não tinha 15 anos quando já formulava dificuldades que os mais doutos dentre os judeus penavam a resolver: e embora uma juventude tão avançada não seja ainda a idade do discernimento, ele o tinha o suficiente para perceber que suas dúvidas embaraçavam seu mestre"[7]. Ora, o jovem Baruch sabe que deve ser prudente, pois sua comunidade não tolera as divergências doutrinárias. Assim, com apenas 15 anos de idade, ele assiste à pena pública infligida pelos *parnassim* a Uriel da Costa por ter negado a lei revelada e a imortalidade da alma. O homem recebe 39 chicotadas e se suicida logo após a cerimônia. Sem dúvida que esse evento marca profundamente o espírito do jovem, que começa então a desviar-se da religião para se interessar pela filosofia.

Desde a idade de 13 anos, ele ajuda seu pai em seu negócio, enquanto segue seus estudos na sinagoga. Mas abandona progressivamente seus estudos judaicos (ele desaparece dos registros escolares em seu 18º ano) para frequentar mais e mais assiduamente os círculos de cristãos liberais, que o iniciam na teologia, nas ciências novas e na filosofia, notadamente aquela de seu contemporâneo René Descartes, que também encontrou refúgio nos Países Baixos. Com efeito, nessa metade do século XVII, as Províncias Unidas dos Países Baixos são o centro europeu da república das artes e das letras: é em Amsterdã que são publicadas as obras de física, ótica, medicina, as mais importantes e as mais inovadoras da época. Universidades célebres

---

[7] LUCAS, J.-M. "La vie de B. de Spinoza". In: SPINOZA. *Œuvres complètes*. Op. cit., p. 1.341.

acolhem eruditos e estudantes de toda a Europa; discutem-se "ideias novas" nas gazetas e sociedades eruditas. É nesse extraordinário solo intelectual, prelúdio às Luzes europeias, que o jovem Baruch vai fazer o encontro mais decisivo de sua existência. Por volta de 1652, com 19 anos de idade, ele começa a seguir os cursos de latim de um personagem carregado nas cores: Franciscus van den Enden[8].

Católico originário da Antuérpia, Van den Enden integra bem jovem a Companhia de Jesus, onde se torna professor de latim e grego. Ele é excluído da Companhia pouco antes de ser ordenado padre, por "erros" que nos são desconhecidos, mas que provêm certamente de divergências doutrinais, pois o antigo jesuíta se revela em seguida de uma liberdade inédita. Ele segue estudos de medicina, casa-se, depois se muda pra Amsterdã em 1645, onde abre com seu irmão (um gravurista conhecido) um negócio de arte. Após a falência de sua empresa, ele cria, provavelmente em 1652, uma escola de latim destinada aos filhos da burguesia que se preparam para entrar na universidade. Entretanto, como o sublinha com irritação o renomado pastor Colerus em sua biografia de Espinosa: "Esse homem ensinava com bastante sucesso e reputação; de sorte que os mais ricos comerciantes da cidade lhe conferem a instrução de seus filhos, antes que se tivesse reconhecido que ele mostrava a seus discípulos outra coisa que o latim. Pois se descobriu enfim que ele semeava no espírito desses jovens as primeiras sementes do ateísmo". E cita testemunhos de antigos alunos de Van den Enden mantidos fiéis à Igreja Luterana de Amsterdã que "não se cansam de abençoar a memória de seus pais, que os arrancaram ainda a tempo da escola de satã, tirando-os das mãos de um mestre tão pernicioso e ímpio"[9].

---

8 Segundo outras fontes, Espinosa teria começado a seguir os cursos de Van den Enden após a morte de seu pai, ocorrida em 1654. Isso não muda nada no essencial do que vai se seguir.

9 COLERUS, J. "Vie de B. de Spinoza". In: SPINOZA. *Œuvres complètes*. Op. cit., p. 1.308.

De fato, o antigo jesuíta se fez rapidamente conhecer por suas ideias originais, julgadas por muitos como subversivas: ele prega uma total liberdade de expressão, a educação das massas e o ideal democrático. Sua reputação torna-se demasiado sulforosa e ele não pode mais continuar a ensinar em Amsterdã. Em 1670, convidado por nobres franceses que seguiram seu ensino, ele se muda pra França e abre uma escola em Paris. Mas, quando a França de Luís XIV invade os Países Baixos, ele tenta – com ajuda de cúmplices tanto franceses (Luís de Rohan, que falhará em um complô contra o rei) quanto holandeses – instaurar uma república independente na Normandia, com o projeto, sempre segundo Colerus, de abrir um fronte interior que obrigaria Luís XIV a dividir suas forças. Ele é preso e enforcado na Bastilha em 27 de novembro de 1674.

Compreende-se a influência crucial que exerceu esse livre-pensador sobre o espírito do jovem Baruch, ele mesmo em busca de verdade. Van den Enden lhe ensina não somente o latim, mas as bases de uma cultura clássica, sobretudo através do teatro antigo. Sabe-se, por exemplo, que em 1657 ele fez seus alunos (dentre os quais Baruch) encenar uma peça do poeta latino Terêncio. Da mesma forma, ele transmite uma cultura teológica e uma descoberta das novas ciências físicas. Ele o inicia enfim à filosofia cartesiana, e Baruch teria sido, ainda segundo Colerus, particularmente "encantado com aquela máxima de Descartes de que não se deve jamais receber por verdadeiro o que não tenha sido antes provado por boas e sólidas razões"[10].

Ao longo desses anos passados junto a seu novo mestre, assiste-se a uma verdadeira "conversão filosófica" do jovem Baruch. De uma educação religiosa dogmática e rigorosa, fundada sobre o medo e a esperança, que ele abandona desde o fim da adolescência, ele se apaixona por uma busca livre da verdade e da felicidade verdadeira,

---

10 Ibid., p. 1.309.

fundada apenas sobre a razão. É através da magnífica introdução de um de seus primeiros escritos (inacabado), o *Tratado da reforma do entendimento*, que Baruch faz essa (rara) confissão e nos oferece o objeto último de sua busca: "Quando a experiência me ensinou que todos os eventos ordinários da vida são vãos e fúteis, vendo que tudo o que era para mim causa ou objeto de medo não continha nada de bom nem de mau em si, mas apenas na medida em que a alma era movida por isso, decidi-me afinal a pesquisar se não existiria um bem verdadeiro e que pudesse se comunicar, alguma coisa enfim cuja descoberta e a aquisição me proporcionasse pela eternidade o gozo de uma alegria suprema e incessante"[11].

Essa busca do "bem verdadeiro", tal como o jovem Espinosa a exprime, é a essência mesma da busca da sabedoria segundo os antigos filósofos gregos. Ou seja, uma felicidade profunda e durável, que se pode obter tornando-se de algum modo indiferente aos eventos exteriores, sejam eles agradáveis ou desagradáveis, mas transformando sua mente para que ela encontre no interior dela mesma uma felicidade permanente. O que me parece já como próprio de Espinosa, desde esses primeiros momentos da elaboração de seu pensamento, é que essa felicidade suprema assume a face concreta da alegria. Ora, as escolas de sabedoria da Antiguidade, notadamente o epicurismo e o estoicismo, fazem pouco caso da alegria: a felicidade verdadeira (*eudaimonia*) tem antes a face da serenidade, da ausência de perturbação (*ataraxia*). A busca de sabedoria é a mesma – não mais fazer depender sua felicidade de causas exteriores –, mas essa orientação original para com a alegria caracteriza propriamente, e isso desde sua gênese, a sabedoria espinosista. Nós veremos mais adiante como e por quê.

Para voltar a essas primeiras páginas do *Tratado da reforma do entendimento*, Espinosa explica que a mente é de tal forma distraída

---

[11] *Tratado da emenda do intelecto*, § 1. In: SPINOZA. *Œuvres complètes*. Op. cit., p. 102.

pela busca da riqueza, das honras e dos prazeres sensuais, que ela dificilmente pode se consagrar à procura de outros bens. Ora, e Espinosa afirma ter feito ele mesmo a experiência disso, esses bens aparentes se transformam cedo ou tarde em males e em tristeza: "Toda a nossa felicidade e nossa miséria dependem apenas da qualidade do objeto ao qual nos atamos por amor"[12]. Se nos prendemos aos bens fúteis, como as honras e a riqueza, conheceremos os males ligados aos riscos desses bens, enquanto que se buscamos a sabedoria e nos prendemos às coisas mais nobres, nossa felicidade será mais forte e mais constante. Espinosa relata então o combate que foi o seu: "Pois por mais claramente que minha mente percebesse essas coisas, eu não podia entretanto me desprender totalmente do dinheiro, do prazer sensual e da glória. Mas via claramente uma coisa: enquanto minha mente estava ocupada com esses pensamentos, ela se desviava dos falsos bens, e pensava seriamente em seu novo projeto. O que me foi uma grande consolação"[13]. Quanto mais ele dedica tempo à reflexão filosófica, mais esse "verdadeiro bem" lhe é conhecido, e mais ele consegue se desprender do resto e a considerar o dinheiro, as honras e o prazer sensual apenas como meios, não como fins, o que lhe permite fazer deles uso moderado.

Por que o jovem Baruch decidiu dedicar-se à filosofia a fim de adquirir um bem verdadeiro? Ele o explica muito claramente na sequência de sua exposição: "Refletindo mais longamente, fui convencido de que, enquanto pudesse me dedicar inteiramente à reflexão, eu deixava males certos por um bem certo"[14]. E continua, entregando essa potente e estranha confissão: "Eu me via com efeito em um perigo extremo, e constrangido a buscar um remédio, mesmo incerto. Tal como um doente, mortalmente atingido e que sente vir

---

12 Ibid., p. 105.
13 Ibid.
14 Ibid., p. 104.

uma morte certa se ele não se aplica um remédio, é constrangido a buscá-lo com todas as suas forças, por mais incerto que seja, porque põe toda sua esperança nele" [15]. Espinosa nos confessa claramente que ele não tinha outra escolha, para salvar sua pele, senão dedicar-se à busca filosófica como um remédio vital! Por quê? Com qual "perigo extremo", com qual "doença mortal" o jovem Baruch foi confrontado? Por que lhe foi preciso buscar desesperadamente um tal remédio? Alguns elementos que nós possuímos de sua biografia trazem a resposta.

---

[15] Ibid.

2
Um homem ferido

> *Eu me via em um perigo extremo.*

Nesta página comovente, Espinosa faz referência às profundas provações que ele atravessou alguns anos mais cedo e que o conduziram a se interrogar sobre o sentido da existência e a verdadeira natureza da felicidade.

Houve, no início, uma série de lutos familiares. Seu meio-irmão, Isaac, falece quando ele tem 17 anos, depois sua avó, Esther, quando ele tem 20, e, um ano mais tarde, em 1654, seu pai, em seguida sua irmã Myriam, que morre no parto ao dar à luz seu sobrinho, Daniel. Em poucos anos ele perde brutalmente seus entes mais queridos. No mesmo período, a empresa paterna, que ele tentou mais ou menos gerir antes e depois da morte de seu pai, encontra-se em grandes dificuldades financeiras. A tal ponto que, em 26 de março de 1656, ele demanda e obtém da Corte Suprema dos Países Baixos ser liberado de sua herança e das pesadas dívidas que ela implica.

Desde que ele deixa de seguir os cursos talmúdicos e frequenta cada vez menos a sinagoga, suas relações com a comunidade judaica não cessam de se degradar. Segundo Pierre Bayle, as autoridades religiosas lhe propõem uma renda anual a fim de que ele finja seguir os ritos e não divulgue suas ideias filosóficas. E esclarece que "ele não pôde aceitar uma tal hipocrisia". Colerus confirma os fatos e afirma que tem informação da boca dos amigos na casa dos quais Espinosa passa os últimos anos de sua vida: ele lhes teria confessado que declinara da soma de mil florins anuais, preferindo a pobreza à mentira. Esses mesmos amigos, os Van der Spyck, teriam também relatado o seguinte fato: "Ele várias vezes lhes contou que uma noite, saindo da velha sinagoga portuguesa, viu alguém do seu lado com o punhal na mão, o que, tendo-o obrigado a se manter precavido e a se afastar, evitou o golpe, que atingiu somente suas vestes. Ele guardava ainda o casaco, furado pelo golpe, em memória do ocorrido"[16].

Após essa tentativa de assassinato, Espinosa toma por divisa a palavra latina *Caute*, "Cuidado!"* O que o levou em seguida a renunciar a publicar algumas de suas obras ou a publicá-las sob um pseudônimo. Pouco tempo depois desse evento trágico, como nenhum arranjo parecia possível entre o jovem e as autoridades da sinagoga, essas últimas tomaram a decisão de banir definitivamente Espinosa da comunidade. Em 27 de julho de 1656, executa-se na Sinagoga de Amsterdã uma cerimônia tão rara quanto violenta: os anciãos pronunciam um *herem*, um ato solene de "separação", para Espinosa, então na idade de 23 anos. O texto foi encontrado em sua integralidade:

> Com a ajuda do julgamento dos santos e dos anjos, nós excluímos, caçamos, amaldiçoamos e execramos Baruch de Espinosa com o consentimento de toda a santa comunidade em presença de nossos livros santos e dos 613 mandamentos que aí estão contidos. Nós formulamos esse *herem* como Josué o formulou no encontro de Jericó. Nós o amaldiçoamos como Elias amaldiçoou os filhos e com todas as maldições que se encontram na Lei. Que ele seja maldito de dia e maldito de noite. Que

---

16 COLERUS. "Vie de B. de Spinoza". Op. cit., p. 1.310.

* No original francês, "*Méfie-toi*", "desconfia". Optamos por utilizar aqui um termo mais próximo do termo latino *caute*, mais bem vertido para o português nas expressões "seja cauteloso", ou "tenha cuidado" [N.T.].

ele seja maldito durante seu sono e durante a vigília. Que seja maldito ao entrar e maldito ao sair. Queira o Eterno jamais perdoá-lo. Queira o Eterno acender contra esse homem toda a sua cólera e derramar sobre ele todos os males mencionados no livro da Lei: que seu nome seja apagado nesse mundo e para sempre, e que agrade a Deus separá-lo de todas as tribos de Israel, afligindo-o de todas as maldições que contém a lei. E vós que permanecei ligados ao Eterno, vosso Deus, que Ele vos conserve em vida. Sabei que vós não deveis ter com Espinosa nenhuma relação escrita nem verbal. Que não lhe seja prestado nenhum serviço e que ninguém se aproxime dele a menos de quatro côvados. Que ninguém permaneça sob o mesmo teto que ele e que ninguém leia nenhum de seus escritos[17].

O texto do herem é precedido de uma explicação emanando do conselho da comunidade, que justifica o banimento do jovem por "horríveis heresias" que ele praticava e ensinava, por "atos monstruosos" tais como sua recusa de se desviar de "seu mau caminho". Os historiadores se perderam em conjecturas para saber a quais atos e heresias precisas faziam alusão as autoridades judaicas. Um primeiro elemento de resposta nos vem do testemunho trazido junto com a inquisição espanhola por dois espanhóis que afirmam ter encontrado, no final de 1658, Espinosa e seu amigo Juan de Prado (ele mesmo atingido, em fevereiro de 1658, por um herem, mas menos virulento). Os dois homens lhes teriam confidenciado que Deus não era revelado e só existia filosoficamente, que a Lei judaica era falsa e que a alma não sobrevivia ao corpo. Ideias que não estão muito distantes daquelas que Espinosa desenvolve mais tarde em seu *Tratado teológico-político* e que bastam para explicar a violência das autoridades religiosas em relação a ele. Resta uma outra hipótese, evocada principalmente pelo historiador Steven Nadler, mais política e que sem dúvida também influenciou sua decisão. Os judeus notáveis de Amsterdã eram muito ligados às autoridades religiosas e políticas

---

17 NADLER, S. *Spinoza*. Bayard, 2003 [trad. Jean-François Sené].

mais conservadoras do país: os calvinistas e a Casa de Orange, que estavam em conflito com o partido republicano e liberal de Jean de Witt. As posições antirreligiosas e pró-republicanas de Espinosa só podiam enfraquecer a comunidade judaica, fragilizá-la diante de seus principais apoiadores. Já que ele recusava calar publicamente suas ideias heterodoxas e liberais, melhor valia se separar publicamente desse homem. Tanto mais que Espinosa havia recusado renunciar às suas "heresias" e cogitou mesmo a redação de uma apologia para se justificar. Esse texto jamais foi encontrado, e é muito provável que tenha servido de esboço ao *Tratado teológico-político*.

Essa terrível condenação tem por efeito imediato constranger Baruch a deixar a casa de sua família e romper os laços que ele tinha com sua irmã Rebeca e seu jovem irmão Gabriel. Afora seus poucos negócios pessoais (dentre eles 14 livros), ele pede uma só coisa aos últimos membros de sua família: levar o leito baldaquino dos pais no qual ele fora concebido. Ele deixa o bairro judeu para ser abrigado, provavelmente por alguns anos, por Van den Enden, que possui uma linda casa no Canal Singel. Baruch paga o locador de seu quarto, suas refeições, a tinta e o papel de que ele precisa para escrever, dando cursos de hebraico aos estudantes que desejam ler a Bíblia na língua em que ela foi escrita.

Nas primeiras páginas do Tratado do entendimento, Espinosa fazia muito claramente alusão aos males e tristezas que o apego ao dinheiro, às honras e aos prazeres sensuais podem trazer. Compreende-se-o bem, caso se tenha em conta as preocupações financeiras e o opróbrio público que ele acabara de viver. Mas o que dizer dos prazeres sensuais? É possível que Espinosa tenha perdido sua virgindade frequentando meretrizes, e que tenha sentido a famosa tristeza pós-coito, tanto mais viva quanto o ato seja feito sem amor. O que é mais provável ainda é que ele tenha sentido desejo e amor pela filha única de seu mestre: Clara-Maria. Quando Baruch encontrou Van den Enden, por volta de 1652, ela tinha apenas 12 anos. Quando ele se instala na casa de seu mestre, a moça tem 16 e frequenta tanto mais regularmente Baruch quanto lhe dá cursos particulares de grego e latim. Ela toca também piano. "Como Espinosa tinha ocasião de vê-la e conversar muitas vezes, escreve Colerus, ele se apaixonou por ela; e várias vezes ele confessou que havia tido plano de esposá-la. Não é que ela fosse das mais belas nem das mais bem-feitas, mas ela tinha muito espírito, capacidade e entusiasmo, o que tocara o coração de Espinosa"[18].

Infelizmente, Baruch tem um rival na pessoa de um estudante alemão vindo de Hamburgo, de nome Kerkering. Segundo Colerus, este último soube conquistar o coração da jovem oferecendo-lhe um colar de pérolas. Isso parece um pouco baixo e no mínimo venal para uma moça tão fina e cultivada, que, aliás, não passava necessidades. A verdadeira razão de sua escolha em favor de Kerkering me parece muito mais dever-se ao fato de que esse último, de confissão luterana, aceitou converter-se ao catolicismo para esposar Clara-Maria, que era uma católica fervorosa. Nenhuma dúvida, então, de que as origens judaicas de Espinosa, como sua recusa de se converter ao cristianismo e de se fazer batizar, jogaram um papel bem mais determinante na escolha da moça. Baruch, muito provavelmente, alude a essa desilusão amorosa e a esse desejo contrariado quando fala da "doença mortal" que o conduziu a se lançar na busca da sabedoria como um remédio vital. Como também não ver na tentativa de assassinato e em seu banimento da comunidade o "perigo extremo" ao qual ele fazia alusão?

É, portanto, engajando-se de corpo e alma na reflexão sobre ele mesmo e sobre o mundo que o jovem Baruch tenta curar suas feridas tão vivas. Como ele o confessa, foi-lhe preciso um pouco de tempo para conseguir se destacar dos bens sensíveis e materiais e para descobrir que a alegria intensa que lhe proporcionava a busca

---

18 COLERUS. "Vie de B. de Espinosa". Op. cit., p. 1.308.

da verdade podia preencher sua existência. Ele renuncia definitivamente a se casar e decide partir para viver no campo a fim de se concentrar inteiramente à sua nova paixão, que será doravante a de toda a sua vida: a filosofia.

3
Um pensador livre

> *As demonstrações são os olhos da mente.*

As razões de sua partida de Amsterdã rumo à pequena cidade de Rijnsburg, onde ele se instala provavelmente em 1660, com a idade de 27 anos, não estão totalmente elucidadas. Segundo seu biógrafo Lucas, ele foi condenado a deixar a cidade a pedido dos rabinos, que temiam que sua influência crescente fosse nociva à sua comunidade. Parece mais provável que Espinosa tenha tido vontade, após sua decepção sentimental, de deixar a casa de Van den Enden e ao mesmo tempo de se aproximar da Universidade de Leiden, onde ele permanece em contato regular com estudantes. A charmosa cidadezinha de Rijnsburg se encontra no campo, a cerca de 40 quilômetros de Amsterdã, mas a alguns quilômetros apenas da célebre universidade. Longe das querelas políticas e religiosas das grandes cidades, ele encontra aí um clima sereno, propício à reflexão, mas também uma rede de jovens pensadores próximos às suas ideias.

Com efeito, caricaturou-se demais Espinosa como um eremita solitário. Que ele tenha renunciado a constituir uma família e decidido instalar-se no campo, isso é certo, mas ele não renunciou, entretanto, à vida social, e menos ainda a trocar com outros pensadores. Pelo contrário, a proximidade de Leiden reforça seus laços com redes intelectuais importantes, sobretudo aquelas dos *colegiantes* e dos *menonitas*. Os *colegas* (cujos membros são chamados "colegiantes") são grupos de reflexão filosófica, provindos principalmente dos protestantes anabatistas (que promovem um batismo de conversão na idade adulta). Seu centro principal situa-se justamente em Rijnsburg. Os menonitas são anabatistas que não acreditam no dogma da Santíssima Trindade e desenvolvem um pensamento tolerante e pacifista. Como veremos, as ideias de Espinosa são muito mais radicais que as desses cristãos heterodoxos e liberais. Mas é no seio desses círculos de pensamento abertos ao debate filosófico que Baruch encontra um acolhimento amistoso e um terreno favorável às trocas que lhe permitem desenvolver suas ideias. Entre seus principais amigos, provindos desses círculos, alguns dos quais tornam-se rapidamente verdadeiros discípulos, os mais importantes são Simon de Vries, Jan Rieuwertsz, Pieter Balling e Jarig Jelles.

Herdeiro de ricos comerciantes, dois anos mais novo que Baruch, Simon de Vries consagra o essencial do seu tempo a organizar os *colegas*, e sua correspondência com Espinosa mostra que ele organiza, desde janeiro de 1663, grupos de leitura e discussão dos primeiros escritos do jovem filósofo. Jan Rieuwertsz é o fiel editor de Espinosa. Esse menonita hábil e determinado publica a maior parte dos textos de autores subversivos. Até 1646, sua livraria abriga os *colegas* antes que a intervenção das autoridades, sob a pressão dos calvinistas, os obrigue a partir de Amsterdã para Rijnsburg. Em 1657, ele publica em holandês obras de René Descartes, antes de publicar a integralidade dos escritos de Baruch, frequentemente sob falsos nomes de autor e editor. Falecido prematuramente em 1664, Pieter Balling é um de seus primeiros companheiros. Excelente tradutor, ele verteu para o holandês a primeira obra de Espinosa, consagrada a Descartes. Aliás, ele provavelmente fez o jovem Espinosa conhecer o pensamento do filósofo francês quando seguia os cursos de latim na casa de Van den Enden.

Jarig Jelles é o mais antigo amigo conhecido de Espinosa. Doze anos mais velho do que ele, esse negociante de especiarias decide vender seu comércio em meados dos anos de 1650 para se dedicar inteiramente à pesquisa espiritual e filosófica. Fervoroso cristão menonita, é provavelmente ele quem introduz Espinosa nas redes dos colegiantes. Financia a publicação de vários de seus trabalhos e redige o prefácio da edição póstuma de suas obras.

Além desses *colegiantes* e *menonitas*, que constituem seu círculo de amigos, discípulos e benfeitores mais próximos, Espinosa também vem a conhecer, na Universidade de Leiden, alguns estudantes que cumprem um papel não negligenciável em sua vida ou na difusão de suas ideias. Assim, Adriaan Koerbagh segue com Baruch cursos sobre Descartes em 1660. Ele torna-se logo um dos principais discípulos de Espinosa e vários de seus panfletos antirreligiosos lhe valerão ser condenado e jogado na prisão, onde ele morrerá. Nos bancos da universidade, Baruch faz também amizade com Louis Meyer, que conclui um doutorado em medicina e filosofia. É ele quem supervisiona e prefacia a edição do primeiro livro de Espinosa, os *Princípios da filosofia de René Descartes*, e é ele ainda quem dará assistência a Espinosa, quando de sua morte, e muito provavelmente levará seus escritos ao amigo e editor comum deles, Jan Rieuwertsz. Johannes Bouwmeester, igualmente conhecido em Leiden, é um amigo caro a Baruch, que criou com Louis Meyer uma sociedade literária, antes de dirigir o prestigioso *Théâtre d'Amsterdam*. Ele contribui largamente à difusão das ideias espinosistas.

A esses amigos, acrescentemos um personagem influente, que inaugura a correspondência de Espinosa, a partir do verão de 1661: Henry Oldenburg. Esse erudito alemão vive na Inglaterra, onde acaba de cofundar, em 1660, a famosa Royal Society, que anima ao longo dos anos a principal rede europeia de circulação das ideias e descobertas científicas. Ele tem um papel essencial na difusão das ideias de Espinosa pela Europa erudita, e conservou-se uma troca de 31 cartas entre os dois homens.

É, portanto, em Rijnsburg, rodeado por essa densa rede de amigos e discípulos, que Espinosa começa a escrever seu *Tratado do entendimento*, mas também onde ele lhes transmite ensinamentos que darão matéria a duas obras. *Breve tratado de Deus, do homem e de sua beatitude*, que ele não publicará durante sua vida, sem dúvida porque retomará e desenvolverá o essencial de suas teses em sua *Ética*. Depois um livro, editado em 1663, cujo título deve ser um dos mais longos e rebuscados da história da filosofia: *Primeira e segunda partes dos Princípios da filosofia de René Descartes, demonstrada à maneira dos geômetras, seguidos dos pensamentos metafísicos*.

Já tive a ocasião de mencionar: a obra de Descartes exerceu uma influência considerável sobre toda a *intelligentsia* europeia do século XVII, e sobre Espinosa em particular. Matemático e físico, Descartes buscou emancipar a filosofia da teologia cristã, à qual ela estava submetida desde o fim da Antiguidade. Nisso ele pode ser considerado o pai da filosofia moderna. Ele libera a reflexão filosófica da autoridade teológica e vincula seu método demonstrativo às matemáticas. Assim, ele abre um campo imenso de pesquisas, tanto no domínio da filosofia propriamente dita quanto no das ciências, às quais lega um método reducionista e dedutivo fecundo. De 1629 a 1649, ele vive nos Países Baixos, onde publica o essencial de sua obra. A partir de meados do século XVII, a maior parte dos pensadores que espera exercer a reflexão de maneira livre e casar filosofia e ciência define-se como "cartesianos" sem, no entanto, esposar todas as ideias de Descartes. Ocorre o mesmo com Espinosa. Em sua primeira obra, ele faz homenagem ao grande filósofo francês que abriu uma via nova, mas pede também a seu amigo, Louis Meyer, esclarecer em seu prefácio que ele não desposa as vias de Descartes em muitos domínios: "Que ninguém creia, portanto, que o autor ensina aqui suas próprias ideias ou mesmo aquelas que ele aprova; pois, ainda que estime algumas válidas, que confesse ter retido algumas, rejeita entretanto muitas que ele estima falsas e lhes opõe uma opinião profundamente oposta"[19]. Veremos mais adiante quais são essas divergências essenciais.

Se o pensamento de Descartes constitui a principal influência sobre o jovem Espinosa, pode-se ter uma ideia precisa dos outros autores que ele frequentava assiduamente graças à sua biblioteca, cujo inventário preciso foi estabelecido, após sua morte, pelo notário encarregado da venda de seus poucos bens aos credores. Ela compreendia então 159 livros. Nela se encontravam vários gêneros: Bíblia e religião judaica; obras científicas: medicina, anatomia, matemática, física e óptica; literatura espanhola (Cervantes); poetas, cômicos e historiadores latinos (Ovídio, Virgílio, Tácito, César, Tito-Lívio, Cícero, Flávio Josefo, Plínio etc.); e finalmente muito poucos livros de filosofia: a *Retórica* de Aristóteles, uma obra de Lucrécio, algumas obras dos estoicos e de Descartes, *O príncipe* de Maquiavel. Dito de outra forma, excetuando-se Descartes e os estoicos, sua cultura é mais literária e histórica do que filosófica. Ele menciona, aliás, em sua correspondência, muito mais citações tiradas de poetas, trágicos e historiadores da Roma antiga do que filósofos.

Para registrar, assinalemos que todas essas obras se dispersaram com a morte de Espinosa, mas, em 1900, um negociante holandês, Georges Rosenthal, retomou o inventário para reconstituir a biblioteca, respeitando as datas e edições das obras. Essa nova biblioteca (da qual nenhuma obra evidentemente pertenceu a Espinosa) foi confiada à *Spinozahuis**, o pequeno Museu de Rijnsburg, que acabava de ser criado na antiga casa onde viveu. Em 1942, a biblioteca foi tomada por um corpo expedicionário nazista por ordem do ideólogo do partido nacional-socialista, Alfred Rosenberg, fascinado pelo que

---

[19] "Prefácio" dos *Princípios da filosofia cartesiana*. In: SPINOZA. *Œuvres complètes*. Op. cit., p. 152.

* *Casa de Spinoza*, em holandês [N.T.].

ele chama o "problema Espinosa"[20]*, a saber: Como um judeu pôde ser um tão grande gênio para influenciar um gigante tal como Goethe? A biblioteca foi reextraditada para Rijnsburg em 1946.

É, portanto, nessa casa, junto a um pomar, que Baruch elabora os fundamentos de seu edifício filosófico. Ele aluga dois pequenos cômodos no térreo de um casal, cujo marido é um cirurgião, e toma sopa todas as noites com seus anfitriões. Durante alguns meses, ele alberga um jovem a quem ensina os fundamentos da filosofia de Descartes. Ele confessa em uma carta a seu amigo Simon de Vries, o qual invejava a sorte que tinha aquele jovem de permanecer perto dele: "Você não tem razão de invejar Casearius: ninguém com efeito me pesa mais do que ele, e não há ninguém de quem eu tenha mais desconfiança"[21]. O que receia Espinosa é que o rapaz, de cuja instrução filosófica ele está encarregado, compreenda mal seu próprio pensamento e esteja na origem de rumores que lhe valham aborrecimentos com as autoridades públicas. Eis por que, tão logo acabada sua obra sobre Descartes – e sem dúvida até em paralelo – ele se põe à escrita de seu *Tratado da reforma do entendimento*, no qual estão já postas as grandes linhas de seu sistema, tal como ele desenvolverá mais tarde na *Ética*: o bem e o mal são relativos, da mesma forma que o perfeito e o imperfeito. "Tudo o que se faz, se faz segundo uma ordem eterna e leis determinadas da natureza"[22]; o soberano bem é "o conhecimento da união da mente com a natureza total"[23]. E o jovem confessa de novo: "Eis, portanto, o fim para o qual tendo: adquirir essa natureza superior e tentar que outras a adquiram comigo, porque faz parte de minha felicidade dedicar-me a que muitos outros compreendam

---

[20] Esse episódio inspirou Irvin Yalom em seu excelente romance *Le Problème Spinoza* (IGF, 2014), no qual ele põe em paralelo a vida de Espinosa e a de Rosenberg.

* No Brasil, o livro foi traduzido com o título *O enigma de Espinosa*, e publicado em 2013 pela Editora Harper Collins BR [N.T.].

[21] "Carta 9 a Simon de Vries, fev./1663". In: SPINOZA. *Œuvres complètes*. Op. cit., p. 1.087.

[22] Ibid., p. 106.

[23] Ibid.

comigo, de modo que o entendimento e o desejo deles concordem com meu entendimento e meus desejos"[24].

Doravante regrada como um relógio suíço, a existência de Baruch é sóbria, sem cair na ascese. Ele bebe cerveja, fuma cachimbo e não recusa nada que se lhe ofereça para comer. Mas essas necessidades são limitadas ao essencial: guardar-se em boa saúde e trabalhar com calma em lugar tranquilo. Ele encarna perfeitamente o ideal do sábio epicurista: satisfazer seus desejos necessários e não supérfluos, preferir a qualidade dos pratos e das bebidas e não sua quantidade, frequentar alguns bons amigos para trocar ideias profundas em um belo jardim. Colerus e Bayle, malgrado suas hostilidades às ideias de Espinosa, não podem se impedir de louvar seu modo de vida sóbrio e virtuoso, sublinhando também a qualidade de seu caráter. "Todos concordam em dizer", escreve Bayle, "que era um homem de uma boa relação, afável, honesto, prestativo, e muito regrado em seus modos". E eis aqui o retrato, tanto físico quanto moral, que dele traça Colerus:

> Ele era de estatura mediana: tinha os traços do rosto bem proporcionados, a pele um pouco escura, os cabelos frisados e escuros, e as sobrancelhas longas e de mesma cor, de modo que por sua aparência era reconhecido facilmente como descendente de judeus portugueses. Quanto às suas vestimentas, preocupava-se muito pouco e elas não eram melhores que as do mais simples burguês. [...] De resto, se sua maneira de viver era bem regrada, sua conversação não era menos doce e agradável. Ele sabia admiravelmente bem ser o mestre de suas paixões. Jamais foi visto muito triste, nem muito alegre. Sabia se conter na cólera e, nos desprazeres que lhe advinham, não deixava transparecer. Era além disso muito afável e de uma relação fácil, falava frequentemente com sua anfitriã, particularmente nos seus momentos de descan-

---

24 Ibid.

sos, e com os alojados, quando lhes sobrevinha alguma aflição ou doença[25].

Seus diversos biógrafos foram também tocados pelo desapego de Espinosa. Seu rico amigo, Simon de Vries, lhe propõe muitas vezes pagar uma renda anual, a fim de que ele pudesse se dedicar inteiramente à escrita de seus livros. Baruch recusa. Ele prefere trabalhar para financiar suas modestas necessidades. Quando seu amigo falece, deixando-lhe uma renda anual bem importante, Baruch pede aos herdeiros que fiquem com a maior parte dela, conservando apenas uma soma modesta. O *métier* que ele escolheu, e que aprendeu durante sua estadia na casa de Van den Enden, não é insignificante: polidor de lente para fabricar lunetas, microscópios e telescópios. O célebre astrônomo Christiaan Huygens exaltará suas lentes de ótica, a tal ponto que Espinosa é sem dúvida, durante sua vida, tão conhecido na Europa por seu pensamento quanto pela qualidade de suas lentes. Como sublinha Pierre-François Moreau, excelente especialista contemporâneo do filósofo, "é um meio de ganhar seu pão, mas trata-se também de um trabalho, no limite, de ótica teórica e de ciência aplicada – é a 'tecnologia de ponta' na época, como o será a informática de nossos dias"[26]. Acho todavia comovente pensar que esse homem dedicou seus dias, em suma, a afiar lentes para a acuidade visual e a afiar o pensamento para a acuidade da mente humana. As demonstrações "são os olhos da mente", escreverá aliás Espinosa, o desbravador.

---

25 COLERUS. "Vie de B. de Spinoza". Op. cit., p. 1.319-1.320.
26 MOREAU, P.-F. *Spinoza et le spinozisme*. PUF, 2007, p. 18.

4
Uma leitura crítica da Bíblia

*Os vestígios de uma antiga
servidão da alma.*

Após ter passado alguns anos em seu agradável retiro de Rijnsburg, Baruch decide aproximar-se de Haia e muda-se para Voorburg, lindo vilarejo situado a menos de três quilômetros da capital política das Províncias Unidas. É também aí que reside Christiaan Huygens. Pode-se ler nessa nova mudança a vontade do jovem filósofo de se aproximar dos meios políticos e de estender sua influência. A república está de fato muito frágil. Ela é governada desde 1653 pelo *Grande Pensionário*[27] Jean de Witt, um liberal esclarecido, que coordena a política econômica e diplomática das sete províncias. Mas ela é contestada pela Casa de Orange, que desejaria restabelecer uma forma de monarquia calcada sobre o modelo britânico, com o apoio dos calvinistas. Calvinistas e orangistas são também favoráveis a um Estado forte, centralizado e conquistador, à imagem da França católica de Luís XIV, enquanto os republicanos desejam manter um Estado descentralizado, pacifista e liberal. A república é tanto mais frágil quanto seu apoio popular é relativamente tênue. Como

---

27 Desde o século XV, nos Países Baixos, *pensionário* era o nome dado ao administrador de cada província, um cargo de caráter público executivo, pelo qual aquele que o ocupava recebia uma *pensão*. Um pouco mais tarde foi criado o cargo de *Grande Pensionário*, responsável por todas as então Sete Províncias Unidas (atual Holanda).

vamos ver, Espinosa não cessa de se interrogar sobre as razões que fazem com que o povo prefira muitas vezes ser submisso a um poder forte, até mesmo tirânico, a se emancipar no seio de uma república tolerante e liberal.

É em sua nova morada que ele decide frear a redação da *Ética*, para se dedicar à redação de sua obra política e religiosa maior: o *Tratado teológico-político*. Durante quase cinco anos, de 1665 a 1670, ele se debruça sobre essa tarefa cujas motivações parecem diversas, como ele se explica em uma carta a Oldenburg datada de 1665: denunciar os preconceitos dos teólogos que mantêm o povo na ignorância e se opõem a uma livre reflexão; prevenir-se contra a acusação de "ateísmo", de que ele é vítima e que recusa totalmente; defender enfim a liberdade de crença, de pensamento e de expressão que é incessantemente ameaçada, mesmo na república liberal das Províncias Unidas. É esse último ponto que ele põe em destaque no exergo do livro para nele justificar a escrita e sublinhar a tese central de seu *Tratado*: "Onde várias demonstrações são dadas desta tese: a liberdade de filosofar não ameaça nenhuma piedade verdadeira, nem a paz no seio da comunidade pública. Sua supressão, pelo contrário, desencadeia a ruína tanto da paz quanto da piedade"[28].

Se tem por principal ambição defender a liberdade de pensar, Espinosa toma bastante cuidado, como se vê, em afirmar que esta não se opõe em nada à piedade, isto é, à fé verdadeira. Mas o que ele espera denunciar com força, desde as primeiras páginas de seu *Tratado*, é a superstição, sobre a qual se funda muito frequentemente a religião para prosperar. A superstição, ele explica, não existiria se a sorte nos fosse sempre favorável. É porque a vida é incerta, feita de altos e baixos, que nós somos levados a crer em todo tipo de fábulas, que nos ajudam a conjurar o medo e a acender a esperança. Ele frisa aliás que "os mais ardentes a esposar todas as espécies de superstição

---
[28] "Prefácio". *Tratado teológico-político*. In: SPINOZA. *Œuvres complètes*. Op. cit., p. 606.

são os que desejam mais imoderadamente os bens exteriores"[29]. Aqueles que sabem se contentar com pouco são menos sujeitos à superstição, simplesmente porque eles têm menos medo de perder e, contentando-se com o que têm, não alimentam a esperança de obter outra coisa. Mas, sobretudo, ele explica que a superstição é o melhor meio de governar a massa e que ela toma muitas vezes a aparência da religião. Ele oferece, de passagem, uma breve mas incisiva crítica da religião muçulmana, afirmando que, em nenhuma outra parte mais do que entre os turcos, o pensamento é amordaçado em nome da religião, a fim de evitar toda perturbação política: "A simples discussão passa por um sacrilégio e tantos preconceitos absorvem o julgamento que a sã razão não poderia se fazer escutar, ainda que fosse para sugerir uma simples dúvida"[30]. Em menor medida vale o mesmo na Europa com as monarquias, pois, ele explica, "o grande segredo do regime monárquico e seu interesse vital consistem em enganar os homens, travestindo o medo com o nome de religião, com o que se quer sujeitá-los; de modo que eles combatem por sua servidão como se se tratasse de sua salvação"[31]. Ao contrário, a república, uma vez que ela espera respeitar a liberdade dos homens e se pôr a seu serviço mais do que dominá-los, não tem necessidade de usar a religião para impedi-los de pensar. A fim de melhor demonstrar que a liberdade de pensar é tão útil à verdadeira fé quanto à manutenção da paz pública, Espinosa espera desmascarar as engrenagens profundas da pseudorreligião fundada sobre a superstição e desvelar assim, segundo sua bela expressão, "os vestígios de uma antiga servidão da alma".

Segundo ele, a maior parte dos fiéis só conservou da religião o culto exterior, e a fé, neles, não consiste mais do que em credulidade e preconceitos, "do tipo que reduzem os homens racionais ao estado

---

[29] Ibid., p. 607.
[30] Ibid., p. 609.
[31] Ibid.

de bestas [...], pois que parecem inventados expressamente para apagar a luz da inteligência"[32]. E Espinosa explica que esses preconceitos provêm essencialmente do fato de que os fiéis, no desprezo das luzes da razão, leem as Escrituras Sagradas ao pé da letra e "supõem desde o princípio a divina verdade de seu texto integral"[33]. A fim de vencer esses preconceitos, ele se propõe então a ler as Escrituras com a ajuda da razão, para melhor compreender o contexto histórico no qual esses textos foram escritos, assim como a intenção de seus autores. É desse modo que Espinosa põe em prática um "método de interpretação dos livros sagrados". Seu perfeito conhecimento do hebreu bíblico e dos textos do Antigo Testamento, mas também do aramaico, do grego e do latim para o Novo Testamento, como sua longa frequentação dos historiadores da Antiguidade, principalmente Flávio Josefo, favoreceram evidentemente esse imenso trabalho.

Espinosa começa por se interrogar sobre a revelação divina, através da função profética. O que é um profeta? Por que e como pode-se considerá-lo um transmissor da palavra divina? Suas afirmações, transmitidas por escritos, são sempre confiáveis? Suas primeiras observações, decisivas, resumem o fundo de seu pensamento: a revelação divina passa primeiro pelas luzes naturais da mente. Deus se revela pela razão, capaz de conhecer e compreender seus decretos eternos: as leis imutáveis da natureza. "Toda revelação de Deus ao homem tem por causa primeira a natureza da mente humana", escreve ele, e "o conhecimento natural não é inferior em nada ao conhecimento profético"[34]. Em que a revelação profética se distingue da revelação pelo conhecimento natural? Os profetas têm uma inteligência superior aos outros homens? São eles capazes de comunicar "de mente para mente" com Deus? De modo algum, responde Espinosa,

---

32 Ibid., p. 611.
33 Ibid., p. 612.
34 Ibid., cap. I, p. 619, 618.

passando em revista vários exemplos tirados da Bíblia. É pelo viés da imaginação, e não da mente, que se exprime o dom da profecia. "Os profetas foram dotados não de um pensamento mais perfeito, mas de um poder de imaginação mais vivo"[35]. Passando em revista uma quantidade de exemplos bíblicos, de Abraão a Ezequiel, sem esquecer Moisés e Elias, Espinosa mostra que essa revelação pelo viés único da imaginação põe um problema crucial aos profetas: eles não estão certos de que é de fato Deus que lhes fala. Isso certamente vale para os seus ouvintes. E Espinosa explica por que os profetas sempre manifestaram "sinais" (percebidos por eles mesmos e por seus ouvintes como milagres, isto é, intervenções diretas de Deus transgredindo as leis da natureza): porque a imaginação não pode dar um poder de certeza tão forte quanto a razão, é preciso que a palavra profética, para ser acreditada, seja acompanhada de um prodígio, do qual a revelação pela mente não tem nenhuma necessidade: "A profecia é, portanto, inferior nesse aspecto ao conhecimento natural, que não tem necessidade de sinal algum, mas envolve por sua natureza a certeza"[36]. Nós veremos mais adiante que Espinosa não acredita em milagres: trata-se, segundo ele, de fenômenos não explicados (mas não inexplicáveis), produzidos pela potência da imaginação e do espírito humano. É assim que a função profética se acompanha sempre de signos. Isso também vale para o Novo Testamento: Jesus lamenta, ademais, que seus ouvintes tenham sempre necessidade de sinais para crer. Ora, precisa ainda o filósofo, os sinais que faz o profeta, como ademais seu tipo de profecia, são função de sua sensibilidade, de seu temperamento, de suas opiniões, de sua cultura. Se o profeta, por exemplo, é de humor alegre, ele anunciará eventos positivos, suscetíveis de deixar o povo alegre. Se, ao contrário, é de temperamento colérico, ele se fará o porta-voz da cólera divina etc.

---

[35] Ibid., p. 634.
[36] Ibid., cap. II, p. 636.

Da mesma forma, se ele vive no campo, sua revelação se apoiará sobre imagens bucólicas, mas, se ele vive na corte, imaginará Deus como um rei rodeado de súditos, e, se ele é soldado, como o senhor dos exércitos. Em suma, o discurso do profeta não deve jamais ser tomado ao pé da letra, mas sempre interpretado, relativizado, precisamente porque ele é relativo à imaginação, ao temperamento, às opiniões e ao modo de vida do profeta. Eis a razão pela qual os profetas divergem entre si sobre vários pontos, à exceção de um só, nos diz Espinosa: a necessidade de praticar a justiça e a caridade. Esses dois mandamentos constituem o *leitmotiv* de todas as Escrituras Sagradas, e sua função essencial, através de toda uma variedade de histórias e relatos que não é preciso jamais receber literalmente, consiste em ensinar aos homens a necessidade de se mostrar justos e caridosos para com o próximo.

Espinosa põe em seguida a questão da especificidade do povo hebreu: recebeu ele, propriamente, o dom da profecia e qual é sua vocação particular? Ele começa por explicar que a noção de "eleição divina" nada tem a ver com o gozo da verdadeira beatitude: aquele que goza da verdadeira felicidade não se sente em nada superior aos outros e não tem necessidade de afirmar sua superioridade por uma pretensa eleição divina. "A alegria que se experimenta por se acreditar superior, se ela não é totalmente infantil, só pode nascer da inveja e de uma má-fé"[37]. Como explicar então que Moisés não tenha cessado de explicar aos hebreus que Deus os elegeu entre outras nações (Dt 10,15), que Ele está perto deles e não de outros (Dt 4,4-7), que lhes atribuiu o privilégio de o conhecer? (Dt 4,32). Simplesmente, responde Espinosa, para "exortar os hebreus ao conhecimento da lei"[38], e por causa da "puerilidade do espírito deles"[39]. Como eles não

---
37 Ibid., cap. III, p. 652.
38 Ibid., p. 652.
39 Ibid., p. 653.

podiam acessar a verdadeira beatitude pelas luzes naturais da razão, foi preciso lhes dar um discurso adaptado, que, inflando-os, incitava-os a seguir a lei divina que se resume na prática da justiça e da caridade. Moisés está, portanto, adaptado ao espírito e ao coração "endurecido" dos hebreus para os fazer crescer em humanidade. As palavras utilizadas por Espinosa parecem muito duras, mas afinal elas não fazem mais do que retomar aquelas utilizadas por Moisés e os profetas bíblicos, que não cessam de se lamentar dos vícios do povo e de sua resistência a abrir seu coração e sua inteligência aos decretos divinos. O ponto em que Espinosa diverge fortemente da leitura rabínica (e mesmo cristã) tradicional é que ele não considera que a eleição do povo hebreu seja o fato de uma preferência qualquer de Deus, mas um artifício pedagógico, a fim de que os hebreus compreendam e pratiquem a lei divina, a qual reside nas leis imutáveis da natureza: "Por governo de Deus, entendo a ordem fixa e imutável da natureza, dito de outra forma, o encadeamento das coisas naturais; com efeito, dissemos mais acima e mostramos ademais que as leis universais da natureza, segundo as quais tudo se produz e é determinado, não são outra coisa que os decretos eternos de Deus"[40]. Uma tal concepção de Deus e de sua providência está evidentemente nas antípodas daquela dominante entre judeus e cristãos, que imaginam um Deus exterior à natureza, dotado de sensibilidade e de vontade à maneira humana, capaz de se enamorar de um povo particular para se revelar (depois segue para os cristãos, segundo o mesmo modelo de eleição, que amará com um amor singular o povo dos batizados). Para Espinosa, essas representações antropomórficas emergem do medo e da ignorância, o que Freud, muitos séculos mais tarde, tentará mostrar ligando essas representações "infantis" de um Deus exterior ao mundo, todo-poderoso, amável e protetor, ao "desamparo" sentido pela criança ao tomar consciência de que o mundo é perigoso,

---

40 Ibid.

que ela vai morrer um dia e que seus pais não são suficientemente potentes para protegê-la[41]. Mesmo se, como veremos mais adiante, o pensamento de Espinosa é muito menos materialista que o de Freud, não é menos verdade que é precisamente isso o que ele explica em seu *Tratado teológico-político*, e se essas ideias, como é provável, estavam em germe em sua mente alguns anos antes, compreende-se por que ele foi banido com tanta violência da comunidade judaica.

De resto, Espinosa agrava seu caso quando aprofunda a questão da eleição do povo hebreu. Ainda que mostre nisso o caráter puramente pedagógico e relativo, ele tampouco o nega. Considera que, com efeito, segundo os decretos divinos (ou as leis da natureza), o que o povo hebreu tem de singular (que ele chamará de "eleição") "consiste apenas na felicidade temporal de seu Estado e nas vantagens materiais"[42]. Retomando as profecias bíblicas, Espinosa espera de fato mostrar que a única coisa que Deus prometeu aos patriarcas foi a constituição de uma nação potente, de um Estado fundado sobre sua lei, que garantisse ao povo sua segurança material. "A lei não promete aos hebreus em retribuição por sua obediência nada mais que a feliz continuação de seu Estado e as outras vantagens dessa vida, e, ao contrário, a ruína do Estado e os piores desastres se eles são insubmissos e rompem o pacto"[43]. A eleição é, portanto, coletiva, temporal e mesmo provisória: a noção de eleição divina não tem mais nenhum sentido após a destruição do Estado teocrático de Israel, há mais de 2.500 anos. Desde então, os judeus não tiveram mais que se submeter aos preceitos da lei de Moisés, mas, como todo ser humano, àqueles da razão natural que dita, pela lei divina "inscrita em nosso coração", uma conduta justa e boa[44].

---

41 FREUD, S. *L'Avenir d'une illusion* [*O futuro de uma ilusão*].
42 *Tratado teológico-político*. Op. cit., cap. III, p. 655.
43 Ibid., p. 656.
44 Ibid., cap. V, p. 683.

Espinosa termina sua reflexão sobre a profecia insistindo sobre a necessária distinção entre a lei divina entendida como verdadeiro conhecimento e amor de Deus e a lei divina entendida como regras e prescrições religiosas através do culto e das cerimônias. A verdadeira lei divina, para Espinosa, não é a observância do culto e dos rituais, mas a busca do soberano bem, a beatitude que nos vem do conhecimento e do amor de Deus.

Esse tema essencial coroará sua *Ética*, e nós voltaremos a isso; porém, uma vez que ele o evoca já no *Tratado teológico-político*, comecemos a explicitá-lo. Retomando o adágio aristotélico segundo o qual o entendimento (o *noûs* grego, que se poderia traduzir também por "mente") é a melhor parte de nosso ser, nosso soberano bem e nossa maior felicidade consistem na perfeição de nossa mente. Aristóteles já afirmava que era a contemplação divina, atividade perfeita de nossa mente, que nos trazia a felicidade suprema[45]. Espinosa concorda com isso: "É no conhecimento e no amor de Deus que consistem nosso soberano Bem e nossa beatitude"[46]. Segue-se que a lei divina, inscrita em nossa mente e em nosso coração, consiste em amar a Deus, não por medo de um castigo qualquer, mas porque esse conhecimento e esse amor constituem "o fim último e o alvo de todas as ações humanas"[47]. É através do conhecimento da Natureza e de suas leis que o filósofo acessa a esse conhecimento e a esse amor de Deus. Espinosa concede todavia que poucos homens o alcançam, e é nisso que as Escrituras Sagradas são úteis ao homem: mesmo que elas não lhe tragam a alegria suprema da contemplação divina, dão-lhe regras de condutas necessárias à vida social, principalmente a prática da justiça e da caridade. Assim, ele distingue a lei divina, "inata à alma humana e como que inscrita nela"[48], que conduz à beatitude, da lei

---
[45] ARISTÓTELES. *Ética a Nicômaco*. Livro X, cap. 7.
[46] *Tratado teológico-político*. Op. cit., cap. IV, p. 669.
[47] Ibid., p. 670.
[48] Ibid., cap. V, p. 679.

religiosa, que visa educar o homem por mandamentos, em vista da prática do amor e da justiça.

Espinosa explica que o alvo das cerimônias e dos rituais consiste em impor um tipo de "servidão voluntária" – "fazer com que os homens não ajam jamais segundo seu próprio decreto, mas sempre sob o mandamento de outro"[49] – a fim de favorecer a vida social. Ele cita como exemplos ritos cristãos (batismo, missa, festas etc.) que foram instituídos pelo Cristo e os apóstolos como "signos exteriores da Igreja universal e não como coisas que contribuem para a beatitude ou que tenham em si mesmas um caráter sagrado". Mas finalmente, conclui Espinosa parafraseando Jesus e Paulo, julga-se o homem por seus frutos, e "aquele que traz frutos tais como o amor, a alegria, a paz, a igualdade de alma, a bondade, a boa-fé, a doçura, a inocência, o controle de si, [...] que ele tenha sido instruído apenas pela razão ou apenas pela Escritura, é realmente bem instruído por Deus e possui a beatitude"[50].

Espinosa se debruça em seguida sobre a questão dos milagres, da qual ele relembra a função de "signos", mas estima totalmente errôneo considerá-los como atos divinos contradizendo as leis naturais: "Se se admite que Deus age contrariamente às leis da natureza, ser-se-á obrigado admitir também que ele age contra sua própria natureza, e nada pode ser mais absurdo"[51]. O prodígio relatado nas Escrituras, ou não aconteceram realmente, e importa lê-los como relatos simbólicos, ou de fato aconteceram, e a razão humana um dia será certamente capaz de dar deles uma explicação.

Ele se dedica enfim a um estudo mais aprofundado do método visando interpretar a Escritura. Esses últimos capítulos se iniciam com uma carga violenta contra os clérigos, os teólogos e as autori-

---

[49] Ibid., p. 687.
[50] Ibid., p. 692.
[51] Ibid., cap. VI, p. 695.

dades religiosas, que utilizam e interpretam as Escrituras a fim de consolidar seu poder e estender sua dominação sobre os homens: "Só uma ambição criminosa pôde fazer com que a religião consistisse menos em obedecer aos ensinamentos do Espírito Santo do que defender invenções humanas, ou antes, que ela se empenhasse em espalhar entre os homens não o amor, mas a luta e o ódio mais cruel sob um disfarce de zelo divino e fervor ardente"[52]. Em nossa época marcada por um novo desencadeamento das paixões religiosas e de massacres de inocentes cometidos em nome de Deus, essas palavras de Espinosa impressionam por sua pertinência. A interpretação das Escrituras, antes de tudo, não deve ser, portanto, reservada a uma casta que arroga o direito ao monopólio dela. Nisso, Espinosa está mais próximo dos protestantes que dos católicos, pois que um dos fundamentos da Reforma consiste justamente em despojar o clero católico do monopólio da interpretação das Escrituras a fim de o generalizar a todos os fiéis, que devem interpretá-las em comunhão uns com os outros. O método proposto por Espinosa para interpretar as Escrituras repousa evidentemente sobre a razão comum a todos os humanos: "Porque a mais alta autoridade pertence a cada um para interpretar a Escritura, não deve haver outras regras de interpretação que a luz natural comum a todos; não há luz superior à natureza, não há autoridade exterior aos homens". Assim fundado na razão, seu método propõe três critérios essenciais. Primeiramente, o domínio das línguas nas quais as Escrituras foram redigidas, a começar pelo hebreu bíblico, tanto para o Antigo Testamento quanto para o Novo, que, embora escrito em grego, transborda de hebraísmos. Trata-se em seguida de anotar e reagrupar todos os temas abordados nos diversos livros da Bíblia, depois destacar suas contradições e suas ambiguidades. Trata-se em seguida de recolher o máximo de informações históricas concernentes à época, ao contexto cultural e político no

---

[52] Ibid., cap. VII, p. 712.

qual os livros foram escritos, e, caso se possa, sobre a personalidade e intenção de seus autores, assim como sobre o público a que eles estavam destinados. A pesquisa deve também versar sobre a história de cada livro: em quais mãos eles caíram, quem os reconheceu como canônicos, como eles foram reagrupados etc.

Em algumas páginas, Espinosa mostra os fundamentos de uma leitura histórica e crítica da Bíblia (que se poderia muito bem aplicar ao Corão ou a qualquer outro texto sagrado). Será preciso esperar mais dois séculos para que esse método científico prospere, primeiro nos meios protestantes, depois nos meios católicos. E é fascinante constatar que os princípios enunciados por Espinosa são ainda hoje praticados. Pode-se então considerá-lo como o fundador da exegese moderna. Mais ainda, embora ele tivesse em sua época muito menos material histórico para bem conduzir sua investigação, a exegese contemporânea validou o essencial de suas conclusões: a saber, notadamente, que a Torá (o Pentateuco) não foi escrita pelo próprio Moisés, mas por um autor bem mais tardio[53], e que esse autor foi muito provavelmente o sacerdote e escriba Esdras[54], que conduziu milhares de exilados judeus da Babilônia a Jerusalém em 459 antes de nossa era. Foi com a preocupação de revivificar a religião judaica que ele redigiu a Torá a partir de várias tradições orais e de algumas fontes escritas. No século XVII, uma tal afirmação era perfeitamente inaceitável, tanto pelos judeus quanto pelos cristãos. Em nossos dias, ela é unânime entre os eruditos e não choca mais a maior parte dos fiéis. Apenas os judeus ortodoxos e os cristãos fundamentalistas a recusam, continuando a afirmar, contra toda a razão, que a Torá foi escrita palavra por palavra pelas mãos de Moisés e data em torno do século XII antes de nossa era.

---

53 Ibid., cap. VIII, p. 739.
54 Ibid., p. 745.

Espinosa está perfeitamente consciente do escândalo que vão provocar suas análises: "Aqueles para quem a Bíblia, tal como ela é, é como uma carta de Deus enviada do céu aos homens, não deixarão de proclamar que cometi o pecado contra o Santo-espírito; afirmei de fato que a Palavra de Deus é falsa, mutilada, deformada, que dela só temos fragmentos, que enfim a carta atestando o pacto firmado por Deus com os judeus pereceu". E acrescenta, com a mistura de entusiasmo e otimismo que o caracteriza: "Não duvido, entretanto, que se eles consentirem em examinar a questão, cessarão de protestar. É com efeito menos a razão do que os próprios textos dos profetas e dos apóstolos que o proclamam: a Palavra eterna de Deus, seu pacto e a verdadeira religião estão divinamente escritos no coração do homem"[55].

Segundo Espinosa, a Escritura não está aí para nos dar explicações científicas do mundo (o caso Galileu estava então em todos os espíritos), mas regras de vida editadas em uma lista de mandamentos, aos quais é preciso se submeter. Essas regras se resumem essencialmente à prática da justiça e da caridade, que fundam toda vida social harmoniosa. Mas, enquanto a razão natural, e, portanto, a filosofia, permitem-nos subscrevê-las por nosso livre consentimento e nosso pleno entendimento, a fé nos convida a respeitá-las por obediência. "Como não ver que um e outro Testamentos não querem dar outra lição? Que um e outro não se fixaram por objetivo obter uma submissão voluntária?"[56] A fé e a observância dos mandamentos religiosos, mesmo se elas são servidão, podem apesar de tudo conduzir à felicidade pela prática do amor ao próximo, mandamento que constitui "a norma única da fé universal"[57]. Espinosa cita a primeira Epístola de João Evangelista: "Aquele que ama é filho de Deus e conhece a Deus,

---

55 Ibid., cap. XII, p. 786-787.
56 Ibid., cap. XIV, p. 805.
57 Ibid.

mas aquele que não ama seu próximo não conhece a Deus, porque Deus é amor"[58]. Convém portanto, para terminar, distinguir melhor o pensamento da fé, a filosofia da teologia. A filosofia busca a verdade e a beatitude suprema, enquanto a fé visa a obediência e o fervor da conduta. Porque é de outra ordem, "a fé deixa a cada um a liberdade total de filosofar". Da mesma forma, a teologia não está a serviço da razão (mas da fé), nem a razão a serviço da teologia. "Uma e outra têm seus reinos próprios: a razão, aquele da verdade e da sabedoria; a teologia, aquele do fervor fiel e da submissão"[59]. Mesmo se privilegia, evidentemente, a busca racional da sabedoria sobre a submissão da fé, Espinosa não permanece menos consciente de que "a Escritura trouxe aos homens uma imensa consolação. Todos, sem exceção, podem obedecer, ao passo que uma fração muito pequena do gênero humano atinge o valor espiritual, sem outro guia que a razão"[60].

---

[58] 1Jo 4,7-8.
[59] *Tratado teológico-político*. Op. cit., cap. XV, p. 818.
[60] Ibid., p. 824.

5
Espinosa e o Cristo

Ele escreveu a lei divina para sempre no fundo dos corações.

Antes de prosseguir no estudo do *Tratado teológico-político* e de ver como Espinosa encara a articulação do fato religioso e do fato político com a possibilidade das democracias modernas, gostaria de voltar, nos dois capítulos que seguem, de um lado, à maneira espantosa pela qual Espinosa considera o Cristo; de outro lado, à relação muito ambivalente que a comunidade judaica tem, após 350 anos, com Espinosa.

Fui extremamente tocado lendo os escritos de Espinosa, e particularmente o *Tratado teológico-político*, pelo lugar singular que nele tem o Cristo. Digo o Cristo, e não Jesus, porque é quase sempre por esse título messiânico (que significa "ungido" – isto é, "abençoado" – de Deus) que Espinosa o designa, seguindo os autores do Novo Testamento. Relembremos: Espinosa jamais vislumbrou converter-se ao cristianismo, pelo fato de aí perder sua tranquilidade e provavelmente o grande amor de sua juventude. Ele afirma em diversas passagens "nada compreender" do dogma cristão da Santíssima Trindade e não ter necessidade de seguir ritos religiosos, quaisquer que sejam. Sua religiosidade é uma espiritualidade toda pessoal, que se constrói somente pelas forças de sua razão. Veremos que ela se reveste de aspectos que confinam a uma certa forma de mística natural imanente, mas jamais se poderá afirmar que Espinosa é um homem religioso. Ele foi sempre, com o risco de sua vida, um homem livre de toda crença e de todo pertencimento religioso, o que lhe valerá ser incompreendido e perseguido tanto por autoridades judaicas quanto cristãs. Insisto sobre esse ponto, porque seria um erro ler o que Espinosa diz do Cristo como uma duplicidade ou uma estratégia (como afirmaram certos comentadores) visando atrair as boas graças dos cristãos.

Não somente ele não foi nada disso, como é totalmente contrário à sua mente livre e independente, incapaz de se decidir pela menor concessão ao que ele pensa ser a verdade. Isso sobressai com força em sua correspondência: ele persiste e insiste sobre aspectos de seu pensamento, ao risco de chocar seus melhores amigos e mais fiéis apoiadores, principalmente sobre questões religiosas. Quando muito sua prudência o incitará a renunciar à publicação de um texto para evitar um desencadeamento de paixões, ou então a assiná-lo com pseudônimo. Mas jamais a travestir seu pensamento.

Qual concepção Espinosa tem então do Cristo? Vimos no capítulo precedente que, segundo ele, os profetas recebem a palavra divina por meio de sua imaginação. As profecias são, portanto, necessariamente condicionadas pela sensibilidade, as opiniões, os preconceitos pessoais e culturais dos profetas, e não devem ser lidas literalmente. No entanto, Espinosa afirma, de maneira muito espantosa, que o Cristo constitui uma exceção a essa regra:

> O Cristo teve revelação dos desígnios divinos concernentes à salvação dos homens não pelo intermédio de palavras nem de visões, mas imediatamente. [...] a voz do Cristo pode ser chamada a voz de Deus, tal como aquela ouvida outrora por Moisés. Nesse mesmo sentido, Podemos dizer também que a Sabedoria de Deus, isto é, uma Sabedoria sobre-humana, encarnou-se no Cristo, e que o Cristo torna-se via de salvação [...]. O Cristo comuni-

cou-se com Deus de mente a mente. Em conclusão, nós declararemos que à exceção do Cristo ninguém jamais recebeu revelação de Deus sem o socorro da imaginação, ou seja, de palavras ou de imagens visuais[61].

Espinosa, que conhece de cor o Antigo e o Novo Testamentos, tira essa conclusão do estudo minucioso dos textos dos Evangelhos. O que o toca, com efeito, no discurso do Cristo, é que esse homem simples, que não recebeu nenhuma educação robusta, só pronuncia palavras verdadeiras, profundas e universais. Na *Ética*, ele sugere que o Cristo corresponde ao homem verdadeiramente livre, que só tem ideias adequadas[62]. No fundo, o Cristo encarna o modelo do sábio, cuja mente está liberada de todas as ideias falsas e cujos afetos são perfeitamente regrados pela razão. Nisso ele pode ser considerado não como a "encarnação de Deus", mas como a "emanação da sabedoria divina", como explica Espinosa em uma carta a Henry Oldenburg: "Não é de modo algum necessário, para obter sua salvação, conhecer o Cristo segundo a carne, mas é totalmente diferente quanto ao Filho eterno de Deus, isto é, a sabedoria eterna de Deus, que se manifestou em todas as coisas, sobretudo na mente humana, e mais particularmente em Jesus Cristo"[63]. A seu interlocutor inquieto para saber se ele acreditava na encarnação de Deus no homem Jesus, ele responde que essa ideia lhe parece tão "absurda quanto dizer que o círculo tomou a forma de um quadrado". Da mesma maneira que o homem Jesus tornou-se o Cristo na medida em que recebeu e viveu na plenitude a sabedoria divina, pode-se dizer que todo ser humano possui "o espírito do Cristo"[64], se ele recebe e vive a sabedoria divina, isto é, se ele compreende e põe em prática as leis divinas universais. A esse título, o Cristo transmitiu "verdades eternas, e por aí ele os

---

61 *Tratado teológico-político*. Op. cit., cap. I, p. 624-625.
62 *Ética*. Op. cit., parte IV, proposição 68.
63 "Carta 74 a Henry Oldenburg".
64 *Tratado teológico-político*. Op. cit., cap. V, p. 691.

liberou da servidão da lei e, no entanto, a confirmou e a escreveu para sempre no fundo dos corações"[65].

Eu fui tão mais tocado lendo essas afirmações quanto elas formulam uma de minhas convicções profundas, que desenvolvi em um livro intitulado *Le Christ philosophe*[66]. Sustento aí, com efeito, que o essencial da mensagem de Jesus consistia em princípios éticos universais, que haviam impregnado tão fortemente os corações e as mentes – malgrado a deturpação da mensagem evangélica pelas autoridades religiosas, que a encerraram num quadro dogmático e normativo – que ela iria ressurgir, 18 séculos mais tarde, de maneira laicizada e contra as Igrejas, através da moral universal dos direitos do homem. Como o afirma soberbamente Espinosa, o Cristo "escreveu a lei divina para sempre no fundo dos corações", a começar pelo mandamento do amor ao próximo. Penso igualmente que o Cristo não veio fundar uma nova religião com novas regras, novos dogmas e um novo clero, mas transmitir à humanidade inteira "verdades eternas"[67]. Nisso ele encarna perfeitamente a sabedoria divina mais do que, no sentido específico do dogma cristão, a encarnação de Deus. Mesmo se – e voltarei a isso no final do capítulo seguinte – penso que Espinosa ignorou demasiado a dimensão mística de Jesus, que estava em comunhão de amor intenso com aquilo que ele chama "Abba" (Pai).

Seus contemporâneos não se enganaram nisso, e a potente admiração de Espinosa pelo Cristo não lhe poupará violentos ataques da parte de cristãos que lhe reprovam minar o fundamento mesmo de sua fé: o mistério da encarnação e da redenção. Basta, para se dar

---

65 Ibid., p. 675.
66 LENOIR F. *Le Christ philosophe*. Plon, 2007; Seuil, 2009 [Col. "Point essais"].
67 Cf. a esse respeito meu epílogo do *Christ philosophe*, no qual comento longamente o cap. 4 do Evangelho de João ("é preciso adorar Deus em espírito e verdade", como o diz o Cristo à mulher samaritana).

conta disso, ler a carta que lhe endereça, em 1675, a Albert Burgh, o filho do ministro das finanças da República da Holanda, e amigo do filósofo. Após ter sido seu discípulo, o jovem acabava de se converter ao catolicismo na Itália. Ele deplora que seu antigo mestre tenha sido desviado da verdade por uma potência demoníaca:

> Tanto admirei outrora a sutileza e a profundidade de vosso espírito, quanto lamento hoje e deploro o que me aparece como uma infelicidade: um homem recebeu de Deus os mais belos dons do espírito, ama apaixonadamente a virtude, e o maligno, em sua soberba malfeitora, consegue apesar de tudo enganá-lo e perdê-lo. O que é toda a vossa filosofia? Uma ilusão pura, uma quimera. [...] Quais fatos fundam essa detestável arrogância, temerária e insensata? Por que negai vós que o Cristo, filho do Deus vivo, e Verbo da Sabedoria eterna do Pai, tenha se encarnado, e sofrido na cruz para a salvação dos homens? Porque isso não corresponde a vossos princípios. [...] arrependei-vos, filósofo, reconhecei vossa sábia desrazão e vossa desarrazoada sabedoria. Guardai o orgulho, tornai-vos humilde e sereis curado. Adorai o Cristo na Santíssima Trindade a fim de que Ele tenha piedade de vós e de vossa miséria[68].

Essa longa carta não poupa nenhuma injúria ao filósofo – "vossa baixeza mais miserável que as bestas", "miserável ser vil" etc. – e diz muito sobre o ódio que Espinosa inspira a "fervorosos católicos". No entanto, o mais extraordinário é que Espinosa tenha tido a bondade de responder a seu interlocutor, e em termos moderados e corteses. Desprezando todo espírito polêmico, mas não sem uma sutil ironia, ele busca – certamente em vão – fazer compreender a seu antigo discípulo, que não cessa de lhe lembrar de que fora da Igreja Romana não há de modo algum salvação, que

> a santidade da vida não pertence propriamente à Igreja Romana: ela é comum a todos os homens. E porque é pelo amor que conhecemos (para falar como o Apóstolo João: 1Jo 4,13), que nós permanecemos em Deus e que Deus permanece em nós, tudo o que distingue a Igreja

---

68 BURGH, A. "Carta 67". In: SPINOZA. *Œuvres complètes*. Op. cit., p. 1.265, 1.267, 1.273.

Romana das outras igrejas é perfeitamente supérfluo e está fundado apenas na superstição. O sinal único e mais certo da verdadeira fé católica e da verdadeira posse do Espírito Santo é, portanto, como eu o disse com João, a justiça e a caridade: aí onde se as encontra, o Cristo está verdadeiramente presente, aí onde elas faltam, falta também o Cristo.

Bela lição dada a nosso jovem convertido um tanto demasiado zeloso, cujas afirmações são seguramente mais impregnadas de ódio do que de caridade!

Além das numerosas palavras de Espinosa sobre o Cristo, das quais acabo de resumir o essencial do teor, poder-se-ia também sublinhar os paralelos entre a mensagem dos Evangelhos e o pensamento espinosista. Já evoquei na apresentação desta obra que as duas doutrinas insistem sobre a importância de não fazer julgamento. Voltarei sobre este ponto, e sobre outros, nos capítulos consagrados à *Ética*.

6
Uma traição do judaísmo?

> *Deus não tem em relação aos judeus nenhuma exigência particular, e lhes pede unicamente para observar a lei natural que obriga a todos os mortais.*

Demoremo-nos alguns instantes sobre a questão da relação de Baruch de Espinosa com o judaísmo, mas também sobre a dos judeus com o filósofo e seu pensamento ao longo dos séculos. Nós vimos que Espinosa tem um olhar crítico sobre a religião judaica. Evocou-se o fato de que ele teria acertado contas com sua religião e sua comunidade de origem, da qual foi violentamente excluído. Seria inverter as causas e os efeitos, nos diria Espinosa. Foi antes porque tinha justamente desenvolvido uma visão extremamente crítica da religião judaica que ele sofreu esse banimento. Que ele tenha em seguida sentido tristeza ou um amargor passageiro é provável, mas não ressentimento nem um ódio durável, paixões tristes que Espinosa analisou e denunciou suficientemente bem em seus escritos para que se possa imaginar que ele tenha sido presa delas. Seria aliás uma acusação maldosa pensar que, por algum tipo de ódio de si mesmo e de suas origens, ele reservou suas flechas para o judaísmo: Espinosa critica com a mesma força todas as religiões quando elas ativam as paixões tristes dos indivíduos, principalmente o medo, para melhor servi-las; quando elas se desviam de sua única vocação – favorecer o desenvolvimento da justiça e da caridade pelo viés da fé – para destilar o ódio ao outro e a intolerância; quando os fiéis dão prova de hipocrisia ou se acreditam superiores aos outros. É tudo isso que Espinosa denuncia com força em todas as religiões. Eis, por exemplo, o que ele escreve a propósito dos cristãos: "Quantas vezes não observei com espanto homens que se gabam de professar a religião cristã, isto é, o amor, a alegria, a paz, a continência, a lealdade em todas as circunstâncias, combaterem-se com a mais incrível malevolência e darem testemunho cotidianamente do ódio mais vivo"[69]. Cada vez que ele evoca o Islã, é para fazer uma violenta crítica da confusão dos poderes temporal e espiritual sustentado pela religião muçulmana. Assim, em sua carta ao jovem católico Albert Burgh, evocada no capítulo precedente, ele escreve: "Reconheço toda a vantagem da ordem política que a Igreja Romana instaura e que vós louvais tanto; eu não conheceria nada mais apto a iludir a massa e dominar as almas, se não existisse a Igreja Muçulmana, que, desse ponto de vista, supera de longe todas as outras"[70]. Poder-se-ia, certamente, argumentar que são sobretudo as atitudes dos fiéis ou das autoridades religiosas cristãs e muçulmanas que Espinosa critica, quando ele mina os fundamentos mesmos da religião judaica afirmando que a eleição é fechada, que a observância da lei é inútil e que "Deus não tem a respeito dos judeus nenhuma exigência particular, e lhes pede unicamente para observar a lei natural que obriga a todos os mortais"[71]. Para um judeu religioso ou mesmo simplesmente atado às tradições, essas falas são, claro, perfeitamente inaudíveis e lembram muito o que pensam os autores cristãos do Novo Testamento. Isso não escapou ao grande filósofo e

---

69 "Prefácio". *Tratado teológico-político*. In: SPINOZA. *Œuvres complètes*. Op. cit., p. 610.
70 "Carta 67". In: SPINOZA. *Œuvres complètes*. Op. cit., p. 1.291.
71 *Tratado teológico-político*. Op. cit., cap. V, p. 683.

talmudista Emmanuel Levinas, que conheci bem, ao final de sua vida, tendo-o tido como professor na universidade e colaborado em um livro com ele. Em um texto acusador, Levinas espera explicar em que Espinosa carrega uma pesada responsabilidade no desenvolvimento do pensamento antijudaico. Eis aqui um longo trecho:

> Existe uma traição de Espinosa. Na história das ideias, ele subordinou a verdade do judaísmo à revelação do Novo Testamento. Este, certamente, se supera pelo amor intelectual de Deus, mas o ser ocidental comporta essa experiência cristã, ainda que fosse como etapa. Desde então salta aos olhos o papel nefasto exercido por Espinosa na decomposição da inteligência judaica, mesmo se para seus representantes, como para o próprio Espinosa, o cristianismo é apenas uma verdade penúltima, mesmo se a adoração de Deus em espírito e verdade deve ainda sobrepujar o cristianismo. O reconhecimento dos Evangelhos como uma etapa inevitável no caminho da verdade importa mais em nossos dias do que a profissão mesma do credo. Judaísmo prefigurando Jesus – eis por onde o espinosismo fez imprimir ao judaísmo irreligioso um movimento ao qual, religioso, ele se opunha durante 17 séculos. [...] Graças ao racionalismo patrocinado por Espinosa, o cristianismo triunfa sub-repticiamente[72].

Levinas provavelmente tira seu "antiespinosismo" de um de seus principais mestres: o rabino Jacob Gordin (1896-1947), que execrava Espinosa e via nele um dos responsáveis pelo antissemitismo moderno. É verdade que Espinosa não se contentou em minar o fundamento mesmo da religião judaica; ele teve também palavras muito duras para com "os hebreus" ou "os judeus", de maneira indistinta, que puderam eventualmente influenciar a propaganda antissemita, muito violenta nas sociedades europeias até o advento do nazismo, que constituiu o ponto culminante dela. Assim, ele critica a arrogância dos "hebreus, que, se gabando de estarem acima dos outros humanos, desprezavam todos os outros povos". Ou antes, aliás, ele responde a uma objeção que gostaria de ver na longa existência do povo judeu, apesar de tantas

---

[72] LEVINAS, E. "Le cas Spinoza" [1956]. In: *Difficile liberte*. Albin Michel, 1963.

provações, um sinal da permanência de sua eleição, afirmando que essa longa existência não tem nada de surpreendente, mesmo se eles não têm mais Estado, "os judeus tendo vivido longe de todas as nações até se atrair o ódio universal, e isso não somente pela observação de ritos exteriores opostos aos das outras nações, mas pelo sinal da circuncisão ao qual eles permanecem religiosamente apegados". É, portanto, segundo Espinosa, seu particularismo e sua recusa em se assimilar que suscitam o antijudaísmo, e ele acrescenta ainda: "Que o ódio das nações seja muito propício a assegurar a conservação dos judeus, é aliás o que mostrou a experiência". Em outros termos, as perseguições só fazem reforçar o sentimento identitário judeu. Daí a dizer, o que não faz Espinosa, que os judeus são finalmente os responsáveis por todas as suas desgraças há apenas um passo, que não deixarão de dar alguns antissemitas modernos.

De fato, e é a razão última pela qual ele desperta tantas controvérsias nos meios religiosos e intelectuais judaicos, Espinosa pessoalmente faz pouco caso da identidade judaica. Ele nasceu judeu, mas se sentia cidadão do mundo pela razão, e cidadão das Províncias Unidas por sua identidade social. Ele é partidário da assimilação dos judeus nas sociedades onde eles vivem, provavelmente convencido também de que essa assimilação favoreceria sua emancipação, ou seja, seu reconhecimento como cidadão em toda parte nas diversas sociedades europeias. Essa ideia influenciará um século mais tarde os fundadores da *Haskala*, as *Luzes* judaicas, notadamente Moses Mendelssohn (1729-1786), admirador do pensamento de Espinosa, e que prega, seguindo-o, um universalismo da razão, insistindo sobre a necessidade de o Estado não proibir nenhum culto, a começar pelo judaísmo, se ele permanecer acantonado na esfera privada. No início do século XIX, Espinosa encontra novos partidários no seio do judaísmo, através dos partidários alemães de uma "Ciência do judaísmo" (*Wissenschaft des Judentums*), os quais esperam seguir a via aberta pelo filósofo em sua leitura histórica e crítica da Bíblia e emancipar o judaísmo da estrita observância da lei (*Halakha*). No fim do século XIX e início do XX, em pleno voo de um antissemitismo virulento, a obra de Espinosa conhece ainda um ganho de popularidade entre os sionistas, que aspiram à criação de um Estado judaico garantidor de sua segurança. Estes, que pregam um Estado laico, veem em Espinosa o pai (judeu) de uma modernidade política laica, mas são sensíveis a uma frase de seu *Tratado teológico-político*, na qual ele sustenta que "se os princípios mesmos de sua religião não amolecessem seu coração, eu acreditaria sem reserva, conhecendo a mutabilidade das coisas humanas, que à menor ocasião os judeus restabeleceriam seu império e que Deus os elegeria de novo"[73]. É assim que David Ben Gourion, então primeiro-ministro do jovem Estado hebreu, propôs em 1953 fazer de Espinosa um "pai fundador" do novo Estado judeu. Os rabinos lhe responderam com a recomendação de não aceitar. Eles também protestaram violentamente quando, em 1956, na ocasião do 300º aniversário do *herem* de Espinosa, Ben Gourion enviou o embaixador de Israel aos Países Baixos para assistir à cerimônia no curso da qual se ergueu, no cemitério onde ele tinha sido enterrado, uma estátua comemorativa, financiada pelas doações de judeus israelenses, sobre a qual estava inscrita em hebreu: "*Amcha*", "Teu povo". Ben Gourion, a quem se tinha também solicitado para suspender o *herem* nessa ocasião, recusou-se a empreender esse processo, não somente porque ele sabia ser causa perdida de antemão, mas também porque considerava que o *herem* era "nulo e anulado". "Há, em Telaviv, uma rua que traz seu nome", escreve ele, "e não há uma só pessoa dotada de razão nesse país para considerar que sua exclusão está ainda em vigor"[74].

Em 2012, todavia, o grande rabino de Amsterdã foi solicitado por várias personalidades judaicas, a fim de suspender o *herem* e

---

[73] *Tratado teológico-político*. Op. cit., cap. III, p. 665.
[74] Apud Irvin Yalom. In: *Le Problème Spinoza*. Le Livre de Poche, 2014, p. 516.

reintegrar Espinosa na comunidade. Ele criou uma comissão para estudar "o caso Espinosa" (da qual participaram não somente religiosos, mas também filósofos e historiadores, tal como Steven Nadler), a qual concluiu, em julho de 2013, que uma tal suspensão era impossível, não somente porque as razões que o tinham motivado permaneciam intactas, mas sobretudo porque Espinosa não havia jamais expressado o menor arrependimento, nem o menor desejo de se reunir à comunidade judaica.

Gostaria de fechar este capítulo com uma nota pessoal mais geral sobre a relação de Espinosa com a religião. Certamente, ele mina os fundamentos da religião judaica, mas ele mina igualmente o fundamento da fé cristã fazendo de Jesus a emanação da sabedoria divina, e, portanto, o modelo do sábio por excelência, e não o Filho único de Deus encarnado e ressuscitado dentre os mortos (Espinosa lê o relato da ressurreição de maneira espiritual, e não literal[75]). Como evocamos, ele foi também violentamente atacado pelos cristãos por essa razão. Mesmo se ele atribui ao Cristo um estatuto excepcional, mesmo se ele se sente mais próximo do Novo Testamento que do Antigo, ele propõe de fato um uma superação de todas as religiões pela sabedoria filosófica, que conduz, como o veremos a propósito da *Ética*, a "um amor intelectual" de Deus, fonte da verdadeira beatitude. Ele considera que as religiões só são úteis à salvação para aqueles que não podem alcançar a compreensão dos decretos eternos de Deus e a contemplação divina, mas têm ainda necessidade de obedecer à lei divina através dos mandamentos religiosos. Em suma, a religião, como dirão dois séculos depois dele Auguste Comte e Ludwig Feuerbach, corresponde a um estado infantil da humanidade. Seu desejo mais caro é que as luzes da razão permitam aos humanos descobrir Deus e suas leis sem o recurso da fé religiosa e de todos os dogmas que a

---
75 "Carta 75 a Henry Oldenburg". In: SPINOZA. *Œuvres complètes*. Op. cit., p. 1.287.

acompanham, que ele considera como representações pueris, fontes de todos os abusos de poder possíveis pelas instituições religiosas que os promulgam e são deles as guardiãs.

De meu ponto de vista, o que Espinosa talvez negligenciou na religião foi, de um lado, a dimensão do coração, que pode conduzir às mais altas experiências místicas; de outro lado, sua dimensão identitária, fundada sobre um sentimento de pertencimento de natureza mais afetiva que racional. O filósofo Henri Bergson (igualmente de origem judaica) foi um fervoroso admirador de Espinosa e, ainda que não partilhasse todas as suas teses, não hesitou em escrever: "Quando se é filósofo, tem-se duas filosofias: a sua e a de Espinosa". Ora, a análise que faz Bergson da religião me parece mais completa que a de Espinosa. Em sua última obra, *As duas fontes da moral e da religião*, ele distingue com efeito uma religião "fechada" ou "estática", que corresponde bem àquela criticada por Espinosa, cuja função dogmática e normativa visa assegurar a coesão social. Mas ele se interessa também por uma outra face da religião, "aberta" e "dinâmica" dessa vez, através da experiência mística. Ele mostra, de fato, que se pode reduzir a experiência religiosa à superstição (fundada no medo) e à observância dócil da lei. Existe também, mesmo que seja mais rara, uma experiência dos fiéis fundada no amor que pode conduzi-los aos cumes de humanidade. Ele toma assim como exemplos os grandes místicos cristãos e hindus (mas se poderia dizer isso de tantos outros espirituais de todas as religiões) e mostra que seu misticismo, fundado sobre a fé e o amor de Deus, os conduz a uma verdadeira liberdade interior, uma prática exemplar da justiça e da caridade e um formidável *élan* criador. Todos frutos da sabedoria última descritos por Espinosa, mas obtidos aqui não pela argumentação racional, e sim por uma fé apaixonada e fervorosa. E Bergson não vê no Cristo tanto o modelo do sábio quanto aquele do místico, aquele cujo coração foi queimado pelo amor divino, mesmo se sua inteligência está igualmente viva.

Eu acrescentaria que Espinosa sem dúvida também subestimou o papel precioso que tem a religião na crença em "comunhões humanas", segundo a linda fórmula de meu amigo Regis Debray. Para além de uma coesão social puramente racional à qual aspira Espinosa, a religião religa os indivíduos em um fervor emocional, que cria também um laço de afetos entre os indivíduos e não somente de razão. Voltando ao judaísmo, para muitos judeus, ser judeu não significa tanto acreditar em Deus e praticar a Torá em vista da salvação quanto observar as tradições familiares e comunitárias, a fim de integrar uma dimensão identitária coletiva na vida cotidiana através de ritos e símbolos. E esse sentimento de pertencimento tem mais a ver com os afetos do que apenas com a razão.

7
O precursor das Luzes

> *O objetivo da organização em sociedade é a liberdade.*

Relembremos o contexto no qual Espinosa escreve o *Tratado teológico-político*: uma república, de tipo aristocrático, fragilizada, de um lado, pelo intervencionismo religioso da potente comunidade calvinista, e, de outro lado, pela Casa de Orange, que aspira, através do jovem e ambicioso Guilherme III, a dirigir de maneira exclusiva a política militar e estrangeira das Províncias Unidas. Próximo do Grande Pensionário, um tipo de coordenador geral da política das Sete Províncias e partidário de uma política liberal e tolerante, Espinosa espera proporcionar-lhe um apoio intelectual através de uma reflexão profunda sobre o melhor Estado possível, cujo objetivo, confesso, é provar de maneira racional que é aquele que respeita a liberdade de pensar dos indivíduos. Face à intrusão permanente do religioso no político, foi preciso que ele começasse por tentar demonstrar, a partir das próprias Escrituras, que a teologia e a filosofia são dois domínios distintos, que não entram em conflito porque seguem duas lógicas diferentes, e que a religião não deve se opor em nada à liberdade de filosofar. Isso feito, ele aproveitou para definir um método interpretativo da Bíblia, fundado na razão crítica, cuja utilidade ultrapassa largamente o quadro da relação entre teologia e filosofia, ou entre religião e política. Concentrando seu propósito sobre a política, trata-se de demonstrar que a melhor organização pública é aquela que deixa a cada um a liberdade de crer, de pensar e de se exprimir. Sua demonstração constitui uma luminosa explicação filosófica da organização política, que seria, ainda em nossos dias, útil a todo cidadão que dela esqueceu os fundamentos. Eis aqui as grandes linhas[76].

Importa antes de tudo distinguir o estado de natureza do estado de sociedade do ser humano. Pelo direito soberano de sua natureza, cada indivíduo faz o que lhe parece ser bom para si. Vivendo segundo a lei natural, que visa o aumento de sua potência e a busca de seus desejos, ele age primeiro em função de seu interesse próprio e não se preocupa com o bem de outrem. No estado de natureza, não há bem nem mal, nem justo nem injusto; os homens buscam unicamente conservar o que eles amam e destruir o que eles odeiam. Se os homens vivessem sob o império da melhor parte deles mesmos, a razão, não causariam jamais dano a outrem. Mas como vivem antes sob o império de suas paixões (as emoções, a inveja, o ciúme, a necessidade de dominar etc.), os seres humanos se dilaceram. Eles percebem então a necessidade de se entenderem, não somente para evitar de se prejudicarem mutuamente, mas também para se ajudarem em um mundo rodeado por toda sorte de perigos. A busca da segurança e da melhor existência possível conduz os homens a decidirem viver em sociedade e editarem regras de vida sem as quais, tendo em vista suas paixões, nenhuma vida comum seria perene.

Essa passagem do estado de natureza ao estado de sociedade implica que os indivíduos transferiram seu próprio poder à potência coletiva à qual eles se agregam. Assim, "o direito, de que cada indi-

---

[76] Completarei aqui a análise do *Tratado teológico-político* com aquelas propostas em certas passagens da *Ética* (principalmente, parte IV, proposição 33) e do *Tratado político*, que ele compôs posteriormente e que permanecerá inacabado.

víduo gozava naturalmente, sobre tudo o que o cercava, tornou-se coletivo. Ele não é mais determinado pela força e pela cobiça de cada um, mas pela potência e vontade conjugada de todos"[77]. Por esse "pacto" social, os homens se prometem apoio mútuo e decidem não fazer a outro o que eles não desejariam que se fizessem a eles. Renunciam voluntariamente, ou por crença na punição, a seu direito de natureza, a fim de viver em segurança seguindo regras coletivas. Essa transmissão da potência e da soberania individual à potência e soberania coletiva constitui, portanto, o fundamento de todo pacto social.

Em seu *Tratado político*, antes de encarar os diferentes regimes políticos possíveis, Espinosa recapitula o essencial do que se tornará, com poucas *nuanças*, as grandes instâncias da política moderna: "A instauração de um regime político qualquer caracteriza: o estado de sociedade*. O corpo inteiro do Estado se chama nação; e os negócios gerais que dependem da pessoa que exerce a autoridade política, a comunidade pública. Enquanto os homens se beneficiam, no seio da nação, de todas as vantagens asseguradas pelo direito positivo, nós lhes aplicamos o nome de cidadãos, e enquanto são obrigados a obedecer às instituições ou leis nacionais, o de súditos. O estado de sociedade assume três formas: a saber, democrática, aristocrática e monárquica"[78].

Enquanto a história humana privilegiou os regimes monárquicos e a maior parte dos filósofos que o precederam, seguindo Platão, viram em diversas formas de aristocracia o regime político mais desejável, Espinosa afirma que a democracia constitui o melhor

---
[77] *Tratado teológico-político.* Op. cit., cap. XVI, p. 827.
* No original em latim do *Tratado político*, Espinosa escreve *status civilis*. A maior parte dos tradutores utiliza *estado civil* ou, às vezes, *sociedade civil* (esta última tradução sendo menos preferida, por conta da acepção política específica que a expressão ganhou após os pensamentos de Hegel, Marx e Gramsci, dentre outros) [N.T.].
[78] *Tratado político*, III, 1. In: SPINOZA. *Œuvres complètes*. Op. cit., p. 934.

regime possível. Pois se todo regime político visa a segurança dos indivíduos que o compõem e a paz, só a democracia responde também a duas aspirações fundamentais dos indivíduos: a igualdade e a liberdade. "Se a prefiro aos outros regimes, é que ela parece o mais natural e o mais suscetível de respeitar a liberdade natural dos indivíduos. Na democracia, com efeito, nenhum indivíduo transfere seu direito natural a um outro indivíduo (em proveito do qual, desde então, ele aceitaria não mais ser consultado). Ele o transfere à totalidade da sociedade da qual ele faz parte; os indivíduos permanecem assim todos iguais, como antes no estado de natureza". E porque não se pode reprimir indefinidamente as aspirações dos indivíduos à igualdade e à liberdade, contrariamente às aparências, o regime mais forte e mais durável não é a monarquia, mas a democracia.

Precisemos bem que a argumentação de Espinosa em favor da igualdade e da liberdade política não é de modo algum fundada, nesse estágio, sobre uma visão moral. Não é porque é "bem" e "justo" que ele defende o regime mais liberal e igualitário. É puramente de ordem pragmática: é o que funcionará melhor, tendo em conta a natureza humana. Ora, é indispensável para que um regime dure que ele não se apoie unicamente sobre o medo: "A obediência exterior não supõe menos uma atividade espiritual interna. De modo que o indivíduo mais estreitamente submetido ao poder de um outro é aquele que aceita executar as ordens desse outro por um impulso o mais sincero; a autoridade política mais potente é aquela que reina até mesmo sobre os corações de seus súditos"[79].

A democracia não é, portanto, necessariamente o regime mais virtuoso de um ponto de vista moral, mas é o mais eficaz, e mesmo o melhor para assegurar a coesão dos cidadãos. É, portanto, o mais virtuoso de um ponto de vista político, porque responde melhor à finalidade profunda do político: garantir de maneira perene a segu-

---

[79] *Tratado teológico-político*. Op. cit., cap. XVII, p. 844.

rança e a paz entre os homens. Espinosa aliás afirma claramente que há coisas imorais, como certas diversões, a ebriedade, a libertinagem etc., que mais vale tolerar do que proibir, porque o bem comum se encontraria ameaçado: "Querer reger a vida humana inteiramente por leis é exasperar os defeitos mais do que corrigi-los! O que não se pode proibir é preciso necessariamente permitir, apesar do dano que disso frequentemente resulta"[80].

Isso é ainda mais verdadeiro para a liberdade de crença, de pensamento e expressão, que constitui uma necessidade humana fundamental. Proibi-lo só pode levar à revolta, e isso tanto mais quanto as ideias ou as palavras expressas forem verdadeiras. É, portanto, interesse do Estado não os reprimir: "Todo homem goza de uma plena independência em matéria de pensamento e de crença; jamais, ainda que seja de bom grado, ele poderia alienar esse direito individual...". Consequentemente, seria expor-se a um desastre certo querer obrigar os membros de uma coletividade pública – cujas opiniões são diversas, até mesmo opostas – a conformar todas as suas palavras aos decretos da autoridade soberana. É portanto necessário que o Estado, longe de proibir, garanta aos cidadãos a liberdade de crer e pensar. Quanto à liberdade de expressão, Espinosa apela a certos limites: "Não seria menos pernicioso permitir-lhe em toda circunstância". Ela não deve prejudicar a paz social. Assim, se é legítimo que cada um possa exprimir publicamente suas opiniões, será preciso fazer "apelo aos recursos da razoabilidade", evitando toda forma "de ardil, de cólera, de ódio" que prejudicasse a concórdia dos cidadãos.

Espinosa volta também à questão da religião. Ele insiste sobre a necessária separação dos poderes político e religioso: "É muito importuno, tanto para a religião quanto para a comunidade política,

---

80 Ibid., cap. XX, p. 902.

atribuir às instituições religiosas um direito executivo ou governamental qualquer"[81]. Descartando toda ideia de teocracia, ele chega mesmo a afirmar que "Deus só exerce um reino particular sobre os homens por intermédio das autoridades políticas"[82]. Frase surpreendente caso se esqueça que ele assimila o governo divino aos decretos da natureza e que as autoridades políticas são para ele apenas expressões naturais da organização social. As religiões devem ser toleradas, mas também submetidas à potência pública: "As práticas fervorosas e religiosas devem se pôr de acordo com o interesse público"[83]; em outras palavras, se algumas de suas expressões forem suscetíveis de prejudicar o bem comum, será preciso proibi-las.

> Em suma – conclui ele – que nos coloquemos do ponto de vista da verdade ou da segurança do Estado, até mesmo das condições favoráveis à prática de um culto fervoroso, somos obrigados a concluir que o direito divino ou direito pelo qual é regido o domínio sagrado depende, sem reserva, do valor da soberana Potência [...]. Pois é o valor do detentor da autoridade política que determina o acordo de todo fervor religioso sincero com o interesse público[84].

Pacto social, democracia, laicidade, igualdade de todos os cidadãos perante a lei, liberdade de crença e expressão: Espinosa é o pai da modernidade política. Um século antes de Voltaire e Kant, e mesmo algumas décadas antes de Locke, que publica sua notável *Carta sobre a tolerância* em 1689, ele é o primeiro teórico da separação entre os poderes político e religioso e o primeiro pensador moderno de nossas democracias liberais. Mas onde ele me parece ainda mais moderno que nós é que ele percebeu perfeitamente, quando eles ainda não existiam, os limites de nossas democracias: a falta de racionalidade dos indivíduos que, sendo ainda escravos de suas paixões, seguirão a lei mais por medo

---
81 Ibid., cap. XVIII, p. 877.
82 Ibid., cap. XIX, p. 886.
83 Ibid., p. 888.
84 Ibid., p. 893.

da punição que por adesão profunda. Ora, se "a obediência exterior" é mais forte do que "a atividade espiritual interna", para retomar suas próprias expressões, nossas democracias se arriscam a enfraquecer. Eis por que ele relembra a importância crucial dos cidadãos. Essa educação não deve se limitar à aquisição de conhecimentos gerais, mas também ensinar o viver-junto, a cidadania, o conhecimento de si e o desenvolvimento da razão. Na esteira de Montaigne, que pregava uma educação visando fazer cabeças "bem-feitas", antes que cabeças "bem cheias", Espinosa sabe que quanto mais os indivíduos forem capazes de adquirir um julgamento sobre o que os ajudará a discernir o que é verdadeiramente bom para eles (o que ele chama de "útil próprio"), mais eles serão úteis aos outros sendo cidadãos responsáveis. Todo o pensamento de Espinosa repousa com efeito sobre essa ideia de que um indivíduo concordará tanto melhor com os outros quanto ele estiver de acordo consigo mesmo. Em outras palavras, nossas democracias serão tanto mais sólidas, vigorosas e fervorosas quanto os indivíduos que as compõem sejam capazes de dominar suas paixões tristes – o medo, a cólera, o sentimento de inveja etc. – e conduzir sua existência segundo a razão. Mesmo se ele não o diz explicitamente, compreendemos também que cidadãos mais movidos por suas emoções do que por sua razão poderão eleger ditadores ou demagogos. Hitler não foi eleito da forma mais democrática do mundo, por causa do ressentimento do povo alemão após a humilhação do *Tratado de Versailles*? Donald Trump não entrou na Casa Branca em razão da cólera e do medo de uma maioria de americanos?

Espinosa havia compreendido, três séculos antes de Gandhi, que a verdadeira revolução é interior e que é transformando-se a si mesmo que se mudará o mundo. Eis a razão pela qual ele escreveu durante 15 anos a *Ética*, sua grande obra, um livro de conhecimento das leis do mundo e do homem, mas também um guia de transformação de si, a fim de nos conduzir à sabedoria e à felicidade última.

II
O mestre da sabedoria

II
O mestre da sabedoria

1
A *Ética*, um guia para a felicidade perfeita

> *Tudo o que é precioso é tão difícil quanto raro.*

O filósofo Gilles Deleuze destacou muito bem os três personagens que percorrem toda a obra de Espinosa: o escravo, o tirano e o padre. O primeiro é o homem submetido a suas paixões tristes, o segundo é aquele que tem necessidade delas para assegurar seu poder, o terceiro se entristece com a condição humana[85]. Os três compartilham um ressentimento contra a vida e constituem um tipo de "trindade moralista", que Nietzsche denunciará. Após ter desmascarado o tirano e o padre em seu *Tratado teológico-político*, resta a Espinosa desmascarar o escravo, o homem que se crê livre, quando na realidade está submetido ao poder de sua imaginação, de seus desejos, de suas pulsões, de suas emoções. Todo o percurso da *Ética* é, portanto, um caminho da servidão à liberdade, da tristeza à alegria.

Baruch começou a escrever esse texto por volta de 1660-1661, quando ele acabara de se instalar em Rijnsburg. Ele o chamava de *Minha filosofia*. Conduzida em paralelo à escrita de três outras obras mais pontuais – *Breve tratado*, os *Princípios da filosofia de Descartes*

---

[85] DELEUZE, G. *Spinoza, philosophie pratique*. Minuit, 1981.

e o *Tratado da reforma do entendimento* –, a composição de sua obra-prima é logo atrasada – mas certamente jamais interrompida – quando ele se aplica à redação do *Tratado teológico-político* de 1665 a 1670. Em seguida, ele se consagra em tempo total à *Ética*, que ele conclui em 1675, exatamente dois anos antes de morrer. O contexto no qual ele termina sua obra maior é particularmente difícil para ele. Em 1669, pouco antes da publicação de seu *Tratado*, ele é fortemente afligido pela morte de seu amigo e discípulo Adriaan Koerbagh, julgado por ter publicado um violento ataque contra a religião cristã. Denunciado por seu editor, ele é condenado a 10 anos de prisão e morre pouco depois nos calabouços de Amsterdã. É certamente uma das razões que incitam Espinosa e seu editor a publicar o *Tratado teológico-político* sem nome de autor, sob uma falsa edição alemã, e a recusar que seja traduzido do latim para o holandês. A obra é logo proibida pelas autoridades públicas e religiosas (católicas, judaicas e calvinistas), tão revolucionárias são suas teses. No entanto, com o apoio tácito do Grande Pensionário, o livro se vende às escondidas, e logo toda a Europa erudita o comenta. Esse sucesso é apenas relativo para Espinosa, que esperava convencer os teólogos. Como era de se esperar, é exatamente o contrário que ocorre: o livro é violentamente atacado pelos cristãos, tanto católicos quanto protestantes. Seu biógrafo Colerus, ele mesmo horrorizado pelas teses espinosistas, fez-se o eco de vários escritos virulentos, dentre os quais o de um célebre teólogo da época, que resume bem a impressão que a obra deve ter produzido sobre muitos cristãos: "O diabo seduziu um grande número de homens, que parecem todos estar às suas ordens e se apegam unicamente a subverter o que há de mais sagrado no mundo. Entretanto, é possível duvidar se, entre eles, algum trabalhou para arruinar todo direito humano e divino com mais eficácia que esse impostor, que não teve outra coisa em vista senão a perda do Estado e da religião"[86]. Espinosa provavelmente não esperava uma rejeição tão violenta, ainda mais que antigos amigos ou discípulos condenassem igualmente suas teses, tal como Willem van Blyenbergh, com o qual ele havia tido no passado uma importante correspondência e que escrevera a propósito do *Tratado*: "É um livro repleto de descobertas curiosas, mas abomináveis, cuja ciência e as pesquisas só podem ter sido tiradas do inferno"[87]. Mesmo se o livro é anônimo, ninguém duvida da identidade de seu signatário. Também os pastores de sua pequena cidade de Voorburg vão fazer uma campanha contra ele, acusando seu locador de abrigar um herege. Se sua amizade com o Grande Pensionário ainda o protege, Espinosa resolve mudar-se e decide ir viver em Haia. Instala-se primeiro na casa de uma viúva, depois, achando o aluguel muito elevado, ele descobre um pequeno quarto, que aluga de um pintor luterano e sua família, os Van der Spyck, pais de 7 filhos. É junto a eles que o filósofo vai passar os 7 últimos anos de sua vida.

O contexto político é agitado: em 1672, Luís XIV invade os Países Baixos. Johan de Witt é acusado de ter feito uma política externa desastrosa que entregou a república à França. O Grande Pensionário escapa de um assassinato em junho; depois, na noite de 20 de agosto, quando vai buscar no cárcere seu irmão Cornelius, injustamente aprisionado, uma multidão descontrolada força as portas da prisão, arruma uma forca para enforcar os dois irmãos. Eles são linchados e agredidos com tanta violência, que morrem antes de serem pendurados: amarrados pelos pés, seus cadáveres foram esfolados. O célebre filósofo Leibniz, visitando Espinosa alguns anos mais tarde, oferece esse testemunho: "Ele me disse que fora levado, no dia do massacre dos Srs. De Witt, a sair à noite e afixar em alguma parte, próximo do lugar, um panfleto em que teria escrito: '*Ultimi barbarorum*' ['Os

---

[86] COLERUS. "Vie de B. de Spinoza". Op. cit., p. 1.333.
[87] Ibid., p. 1.327.

últimos dos bárbaros']*. Mas seu hospedeiro teria fechado a casa para impedi-lo de sair, porque estaria exposto a se pôr em maus lençóis"[88]. Dois anos mais tarde, Baruch vê igualmente a morte de seu antigo mestre, Franciscus van den Enden, enforcado na Bastilha por ter participado de um complô contra o rei da França. Malgrado os críticos e sua situação tornada bastante precária nas Províncias Unidas após a tomada de poder por Guilherme de Orange, que instala uma monarquia que não se assume enquanto tal, suas ideias se espalham na Europa e fascinam tanto quanto revoltam. Assim, propõem-lhe uma cadeira de filosofia na prestigiosa Universidade de Heidelberg, na Alemanha, uma proposta todavia acompanhada de uma cláusula: "Vós tereis o maior espaço para filosofar, liberdade da qual o príncipe crê que vós não abusareis a fim de não perturbar a religião oficialmente estabelecida". Espinosa recusa a oferta. Como o sublinha Deleuze, "Espinosa faz parte desses 'pensadores privados', que subvertem os valores e praticam a filosofia a golpes de martelo, e não dos 'professores públicos', aqueles que, segundo o elogio de Leibniz, não tocam nos sentimentos estabelecidos, na da ordem moral e da política"[89].

No mesmo ano, Espinosa é convidado a encontrar o príncipe do condado, liberal, letrado, apoiador dos artistas e livres-pensadores, mas também general dos exércitos de ocupação de Luís XIV. O filósofo aceita e deixa Haia para atravessar o país até os quartéis generais franceses baseados em Utrecht. Manifestamente, o príncipe queria propor a Baruch vir estabelecer-se na França sob a sua proteção financeira e política; o filósofo teria provavelmente recusado, considerando pertinentemente que nenhum mecenas, nem qualquer

---

* A expressão, em latim, tem o sentido de "o mais bárbaro dos bárbaros", aquele que comete um ato extremamente violento, bárbaro [N.T.].
[88] Apud François Gauvin, no excelente número esgotado que *Le Point* consagrou ao filósofo (out.-nov./2015, p. 27).
[89] DELEUZE, G. *Spinoza...* Op. cit., p. 19.

tutela, poderia fazer com que sua obra fosse tolerada em um país tão católico quanto a França do Rei-Sol. Segundo a maior parte dos testemunhos e segundo os próprios dizeres de Espinosa, o encontro não teria aliás ocorrido, o príncipe tendo tido que se ausentar... Alguns anos após a publicação do *Tratado*, Bossuet, o célebre confessor de Luís XIV, inspira-se nele para evocar, num sermão, as contradições presentes na Escritura. Certamente, ele o faz na intenção de os minimizar, mas o bichinho da crítica histórica das Escrituras está no fruto. As ideias verdadeiras acabam sempre por se impor.

É nesse contexto político e polêmico bastante atormentado que Baruch retoma e conclui a redação da *Ética* – dedicarei os capítulos seguintes à exposição de seus grandes temas. Desde o início, ele optou por uma redação particular, segundo um modo geométrico (com definições, axiomas, proposições, demonstrações etc.) que torna a leitura particularmente árida. Leo Strauss afirmou a hipótese de que o filósofo escolheu um tal modo de exposição de seu pensamento a fim de o tornar mais obscuro e escapar da perseguição. É pouco provável: Espinosa explica ele mesmo as razões dessa escolha em uma carta a Henry Oldenburg datada de 1661: "Para tornar minhas demonstrações claras e breves, não pude encontrar nada melhor do que as submeter a vosso exame sob a forma empregada pelos geômetras"[90]. Na sequência de Descartes, Espinosa está convencido de que a estrutura do mundo é matemática e que a exposição de um problema e sua solução será tanto mais perfeita quanto adote a forma de um raciocínio exposto de maneira geométrica. É assim que a obra se intitula precisamente: *A Ética demonstrada segundo o método geométrico*. Espinosa começa então toda grande seção por uma ou mais definições, eventualmente seguida de explicações e axiomas; depois prossegue por uma série de proposições, e a cada proposição

---

90 Apud François Gauvin em *Le Point*. Op. cit., p. 18.

sucede sempre uma demonstração, eventualmente completada por um corolário ou escólio, isto é, um comentário redigido de maneira mais clássica. Esse método, assaz fastidioso para o leitor, tem a vantagem para Espinosa de distinguir diversos níveis de leitura. Uma definição explica as palavras escolhidas e dá o sentido delas. Um axioma exprime uma noção comum à razão, isto é, uma verdade primeira, indemonstrável ("estamos todos de acordo em dizer que..."). Uma proposição afirma uma tese. Uma demonstração a demonstra pelo raciocínio, apoiando-se eventualmente sobre as definições e axiomas. Um escólio a comenta de maneira mais livre.

Através dessa catedral de palavras, a ambição de Espinosa é propor uma *Ética*, ou seja, um caminho conduzindo a uma vida boa e feliz, a qual será fundada sobre uma metafísica, isto é, uma concepção de Deus e do mundo. Essa é a razão pela qual sua obra se abre por uma primeira parte inteiramente consagrada a Deus, que ele define como a substância única de tudo o que existe, e termina com uma parte dedicada à Beatitude, a felicidade última. Entre as duas, Espinosa tenta redefinir o corpo e a mente, mostrando que eles não são duas realidades separadas (segunda parte); em seguida, ele propõe uma análise minuciosa de nossas emoções e de nossos sentimentos – que se trata não de combater à maneira dos moralistas, mas de reorientar com a ajuda do desejo e da razão (terceira parte); enfim, ele se dedica a uma explicação da servidão do homem, submetido a seus afetos e não à razão (quarta parte). O fio condutor desse caminho é a alegria, veremos logo por quê.

Em seu dicionário histórico e crítico, Pierre Bayle afirma que a exposição desse livro é tão difícil, que mesmo seus raros discípulos foram repelidos por "abstrações impenetráveis que aí se encontram". Espinosa é consciente disso, e é inteiramente consciente de que o caminho que propõe é exigente, já que conclui a *Ética* com essas palavras: "Tudo o que é precioso é tão difícil quanto raro". Minha ambição não é, portanto, comentar a *Ética* linha a linha e explicitar todas as suas noções[91]. Ela consiste antes, segundo o plano em cinco partes da obra, em explicitar as noções-chave e mostrar, tomando proposições que me parecem particularmente luminosas, quais lições de vida pode-se extrair dela. Essa obra complexa e abundante é com efeito repleta de fulgurâncias, de pérolas preciosas do pensamento, que podem ter um impacto decisivo sobre nossa existência.

---

91 Outros autores, mais competentes do que eu, fizeram-no muito bem, a começar por Robert Misrahi, Gilles Deleuze ou Ariel Suhamy, cujas obras estão mencionadas na bibliografia.

2
O Deus de Espinosa

Tudo o que é, é em Deus.

A palavra "Deus" atravessa toda a obra de Espinosa. Mas o que entende ele por "Deus"? A leitura do *Tratado teológico-político* nos mostrou que sua concepção de Deus estava muito distante daquela das religiões monoteístas, que consideram Deus como um ser supremo, preexistente ao mundo que ele criou por sua vontade. Esse Deus criador, dotado de vontade, inteligência e desejos, teria em seguida escolhido um povo, o povo hebreu, para se revelar a ele; depois, segundo os cristãos, teria se encarnado na pessoa de Jesus Cristo para salvar os homens. Os muçulmanos, por sua vez, pensam que esse mesmo Deus criador escolheu o Profeta Maomé para concluir a profecia. A Bíblia e o Corão atribuem a Deus qualidades – é onisciente, onipotente, misericordioso etc. – e lhe dão feições semelhantes às figuras humanas: ele é Senhor, Pai, Juiz etc. Ele estabeleceu o Bem e o Mal, pôde atender as preces dos homens, puni-los ou recompensá-los e deve-se-lhe render um culto. Segundo essa visão, Deus é ao mesmo tempo exterior e interior ao mundo, ao mesmo tempo transcendente e imanente. Como vamos ver, o Deus de Espinosa é muito diferente: Ele não criou o mundo (o "cosmos" ou a "Natureza", que existem desde toda a eternidade); Ele não lhe é exterior, e é, portanto, totalmente imanente; não tem qualidades ou funções que se assemelham àquelas dos humanos e não intervém em seus negócios. Esse Deus "cósmico" é definido por Espinosa, no início da *Ética*, como a "Substância" de tudo o que é.

Por que os humanos forjaram um Deus à sua imagem? Em um longo apêndice situado ao fim do primeiro livro da *Ética* e consagrado a Deus, Espinosa oferece uma explicação que me parece bastante pertinente sobre o que se poderia chamar de "nascimento dos deuses". Segundo ele, "os homens agem sempre em vista de um fim, ou seja, em vista do útil que eles desejam; donde resulta que só busquem sempre as causas finais das coisas realizadas, e que, desde que disso tenham conhecimento, encontram o repouso, porque então não têm mais razão de duvidar"[92]. Em outros termos, os humanos estão sempre à procura do "porquê" das coisas, buscam constantemente dar um sentido ao mundo, aos fenômenos naturais e à sua existência. A explicação pelas causas finais os apazigua: as coisas existem de uma certa maneira a fim de atingir tal alvo. Assim, eles imaginaram que as coisas que lhes são úteis para viver (a alimentação, a água, a chuva para a colheita etc.) foram dispostas por um ser superior em vista de sua preservação. "Eles admitiram assim", prossegue o filósofo, "que os deuses dispõem tudo para o uso dos homens a fim de os render e serem grandemente honrados por eles. Donde resultou que cada um deles, conforme seu natural próprio, inventou meios diversos de render culto a Deus, a fim de que Deus o amasse mais que todos os outros e pusesse a natureza inteira a serviço de seu desejo cego e de sua insaciável avareza. Assim, esse preconceito tornou-se superstição e deitou profundas raízes nas mentes; o que foi uma razão para cada um buscar com todas as forças compreender as causas finais de todas as coisas e explicá-las"[93].

---

92 *Ética*. Parte I, apêndice. In: *Œuvres complètes*. Op. cit., p. 347.
93 Ibid., p. 348.

Tratei, através de três obras de história comparada das religiões[94], essa questão do nascimento do sentimento religioso, e a análise de Espinosa me parece muito justa. Em poucas palavras, o que nos ensinam os conhecimentos históricos e arqueológicos atuais é que a religião primeira e universal da humanidade é um tipo de animismo: o *Homo sapiens* considerava que a natureza inteira era habitada por forças e espíritos. Um personagem, que em nossos dias se chama de "xamã", era encarregado pela tribo de entrar, através de um estado modificado de consciência, em relação com essas forças e espíritos, a fim de os conciliar e dialogar com eles, principalmente antes da caça ou para pedir a cura de um indivíduo. No neolítico, há quase 12 mil anos, o ser humano começou a se sedentarizar. A caça e a coleta foram progressivamente substituídas pela agricultura e a pecuária. O homem cessou de considerar que a natureza era encantada e povoada de espíritos, e substituiu esses espíritos pelos deuses da cidade, aos quais ele prestava um culto, a fim de obter proteção contra seus inimigos, e da ajuda dos quais ele tinha necessidade para viver (a chuva para as colheitas, a fecundidade do gado etc.). Foi assim que se espalhou por toda a humanidade o ritual religioso por excelência: o sacrifício. Seguindo a lógica universal muito bem estudada por Marcel Mauss, do dom e do contra-dom, os humanos trocavam bens com os deuses: eles ofereciam o que lhes era precioso (sementes, animais, até humanos) em troca da ajuda e proteção divinas. Com a formação de grandes impérios e o desenvolvimento do processo de racionalização, passou-se progressivamente de crenças politeístas (há vários deuses que são valorizados, com funções diversas) a crenças henoteístas (um deus é superior aos outros, como Amon no Egito ou Zeus na Grécia), e em seguida a crenças monoteístas (*Aton* no Egito, *Iavé* entre os hebreus, *Aúra-Masda* na Pérsia): não

---

94 *Les Métamorphoses de Dieu* (Plon, 2003); *Petit traité d'histoire des religions* (Plon, 2008); e *Dieu*, entretiens avec Marie Drucker (Robert Laffont, 2011; Pocket, 2013).

há finalmente senão um só e único Deus, "que fez o homem à sua imagem e semelhança" (Gênesis), que vela sobre ele e responde às suas necessidades por pouco que se lhe rende um culto e que se observe seus mandamentos.

Sem poder dar disso uma demonstração histórica e antropológica, Espinosa captou perfeitamente, de um ponto de vista filosófico, o que está na origem das grandes religiões históricas: o princípio finalista (tudo é feito na natureza para o bem do homem) e utilitarista (dou alguma coisa a Deus para que ele me traga sua proteção). Trata-se para ele de uma superstição que visa tranquilizar o ser humano, fundamentalmente movido pelos afetos de medo e esperança. Foi assim que os homens também criaram os conceitos de Bem (tudo o que contribui à saúde e ao culto de Deus) e de Mal (o que lhes é contrário). Na *Ética*, Espinosa completa e aprofunda, portanto, o que ele já havia dito no *Tratado teológico-político*: a explicação pela causa final permite encontrar um sentido em tudo, até a última causa indemonstrável, "a vontade de Deus, esse asilo da ignorância"[95].

Se Espinosa recusa essa representação de um Deus antropomórfico que cria o mundo a partir do nada, para o bem único da obra-prima de sua criação, o ser humano, qual é sua ideia de Deus? Ele dá uma breve definição dele bem no início do Livro I da *Ética*: "Por Deus, entendo um ser absolutamente infinito, isto é, uma substância consistindo em uma infinidade de atributos, cada um dos quais exprime uma essência eterna e infinita". Ele resume sua concepção mais completa ao fim do Livro I: "No que precede, expliquei a natureza de Deus e suas propriedades, a saber: que Ele existe necessariamente, que é único, que age pela só necessidade de sua natureza, que é a causa livre de todas as coisas e de que maneira Ele o é, que todas as coisas são em Deus e dependem dele, de tal sorte que, sem Ele, elas

---

95 *Ética*. Parte I, "apêndice". In: *Œuvres complètes*. Op. cit., p. 350.

não podem ser, nem ser concebidas, e, enfim, que todas as coisas foram predeterminadas por Deus, não certamente pela liberdade da vontade; em outras palavras, por seu bom prazer absoluto, mas pela natureza absoluta de Deus, ou seja, sua potência infinita"[96]. Tentemos compreender essa definição com palavras mais modernas que aquelas da metafísica do século XVII.

Definindo Deus como uma Substância, Espinosa entende um ser que se basta a si mesmo, tanto por sua definição quanto por sua existência. Esse ser perfeitamente autônomo, portanto, único, é também infinito: ele engloba a totalidade do real. Nada existe fora dele. Eis por que Espinosa identifica mais adiante Deus à Natureza: "*Deus sive Natura*", Deus, ou seja, a Natureza[97]. Mas tomemos cuidado para não interpretar mal essa palavra. Uma leitura (muito corrente) materialista de Espinosa concluiu disso, demasiado rápido, que ele reduzia Deus à matéria. Ele mesmo defendeu-se disso em uma carta a Henry Oldenburg: "Entretanto, quando se supõe que o *Tratado teológico-político* se apoia sobre a unidade e a identidade de Deus com a Natureza (pelo que se entende uma certa massa ou matéria corporal), engana-se totalmente"[98]. O que Espinosa entende por Natureza (escrita com maiúscula), não são as flores, as plantas e os passarinhos; é o cosmos inteiro em todas as suas dimensões, visíveis e invisíveis, materiais e espirituais.

Retomando uma distinção da escolástica medieval, ele distingue igualmente a "Natureza naturante", isto é, a essência divina eterna e infinita, atividade autônoma e produtora, da "Natureza naturada", ou seja, todo o real determinado por essa atividade. Essa Substância infinita tem uma infinidade "de atributos", nos diz Espinosa, isto é, qualidades divinas, absolutamente simples, que constituem a essência

---

[96] Ibid., p. 346.
[97] *Ética*, parte IV, proposição 4, demonstração.
[98] "Carta 73". In: *Œuvres complètes*. Op. cit., p. 1.282.

da Substância e nos permitem conhecê-la. Os dois únicos que nós podemos apreender são o Pensamento (ou mente) e a Extensão (ou matéria). A mente e a matéria, como atributos de Deus, são também infinitos. Não é menos verdadeiro que a matéria e a mente infinitas se apresentam a nós sob a forma de corpo ou ideia limitados e finitos, que Espinosa chama de "modos". Cada pensamento ou ideia é, portanto, um modo singular e concreto da mente infinita, como cada corpo ou cada coisa é um modo singular da matéria infinita. Pode-se assim compreender o que quer dizer Espinosa quando afirma que "as coisas particulares são apenas afecções dos atributos de Deus, dito de outra forma, modos pelos quais os atributos de Deus são expressos de uma maneira definida e determinada"[99].

Outra afirmação forte de Espinosa é a de que existe um determinismo cósmico: "Na Natureza não há, portanto, nada de contingente, mas todas as coisas são determinadas pela necessidade da natureza divina a existir e a produzir um efeito de uma certa maneira"[100]. A Natureza é, portanto, inteiramente regida por leis imutáveis (o que Espinosa chamava de "decretos de Deus" no *Tratado teológico-político*). Esse determinismo torna tão absurdas as noções de pecado (desobediência a Deus) quanto a de milagre (intervenção sobrenatural de Deus), e não deixa de pôr questões essenciais quanto à liberdade humana – voltaremos a isso em um próximo capítulo.

A concepção espinosista de Deus é, portanto, totalmente imanente: não há um Deus anterior e exterior ao mundo, que criou o mundo (visão transcendente do divino), mas, desde toda a eternidade, tudo é em Deus e Deus é em tudo através de seus atributos, que geram, eles mesmos, uma infinidade de modos singulares, isto é, de seres, de coisas e de ideias singulares. É o que se chama uma visão "monista" do mundo, que se opõe à visão dualista tradicional de um Deus

---
99 *Ética*. Parte I, proposição 25, corolário. In: *Œuvres complètes*. Op. cit., p. 335.
100 Ibid., proposição 29. In: *Œuvres complètes*. Op. cit., p. 338.

distinto do mundo. Para Espinosa, Deus e o mundo (a Natureza, o cosmos) são uma coisa só. O que não impede de fazer, como vimos, as necessárias distinções entre Deus como causa livre e produtora (Natureza naturante) e Deus como continente de todo o real (Natureza naturada), ou então como matéria (atributo Extensão) e mente (atributo Pensamento), ou ainda entre os atributos infinitos de Deus e seus modos finitos: o conjunto dos seres, ideias e coisas singulares.

Espinosa é ateu, como se afirma comumente? Tudo depende de fato da definição que se dá a essa palavra. No século XVII, qualificava-se assim toda pessoa imoral, vivendo sem princípios e não rendendo nenhum culto a Deus. É a razão pela qual Espinosa sempre se defendeu disso, ele que desejava tanto levar uma vida sábia e exemplar a partir de uma certa ideia de Deus. Espinosa não acredita na existência do Deus criador, pessoal e providencial, tal como o descreve a Bíblia. Os judeus, os cristãos e os muçulmanos, para quem Deus não pode corresponder a essa definição, consideram-no, portanto, frequentemente, como ateu. Contudo, Espinosa propõe uma nova definição de Deus, que ele considera como a mais acabada, porque a mais racional. Ele não crê no que ele encara como a representação infantil do Deus ao qual seus semelhantes rendem culto, mas pensa Deus como um ser infinito, verdadeiro princípio de razão e modelo de vida boa. Nisso, ele não se considera de modo algum ateu, entendido como aquele que não tem nenhuma ideia de Deus, nem princípios de vida que dele derivam. Ou, para dizer ainda de outra forma, Espinosa não *acredita* no Deus revelado na Bíblia; mas ele *pensa* Deus. Esse pensamento o deixa alegre e governa toda a sua vida. Não é, portanto, por malícia ou covardia que ele utiliza a palavra "Deus" em sua obra, a fim de escapar à perseguição, como é frequentemente afirmado. Isso seria, uma vez mais, fazer injúria à sua inteligência, a seu cuidado com a verdade e a precisão das palavras. Ele utiliza a palavra "Deus" a torto e a direito, porque essa palavra exprime, para ele como para seus próximos, o absoluto e o fundamento de toda coisa. Mas o redefine fundando-se sobre a razão. Nisso, ele prefigura o deísmo do século XVIII, essa filosofia que pensa Deus para além de toda crença e de todo culto. Ele reencontra também, em vários pontos, o pensamento filosófico de Deus defendido pelos estoicos da Antiguidade, aí compreendido em seu determinismo cósmico. Fazer de Espinosa o primeiro grande pensador "ateu" do Ocidente, como se o lê um pouco em toda parte, no qual a ideia de Deus estaria totalmente ausente, é um enorme contrassenso. A crença no Deus bíblico lhe é, com efeito, totalmente estranha, mas de modo algum o conceito mesmo de Deus. Ao contrário, Deus, tal como ele o concebe, atravessa toda sua obra e funda sua filosófica *Ética*, como veremos mais adiante. Em sua correspondência, Espinosa não cessa de se defender de ser ateu e buscar destruir a religião. Assim, escreve ele a Jacob Osten: "Mas, pergunto, destrói-se toda religião quando se afirma que Deus deve ser reconhecido como o soberano bem, e que ele deve, com tal, ser amado com toda a liberdade de alma? E que nisso apenas consistem nossa suprema felicidade e liberdade total"[101].

Espinosa ademais não é materialista tanto quanto não é ateu. Tampouco é espiritualista. Ele é os dois! Uma vez que os dois atributos de Deus são o Pensamento e a Extensão, o mundo é feito de mente e de matéria, e as duas são inseparáveis. Ele naturaliza a mente tanto quanto espiritualiza a matéria. Com efeito, Espinosa é desconcertante, porque escapa às categorias simplistas, provindas, de uma parte, de nossa herança judaico-cristã, que encerra Deus em uma só definição, e, de outra parte, de um conflito filosófico, que já tem mais de dois milênios, entre os pensadores materialistas (de Lucrécio a Marx) e os pensadores espiritualistas ou idealistas (de Platão a Hegel). Esses dois prismas tornam dificilmente compreensível para nós um pensador

---

[101] "Carta 43". In: *Œuvres complètes*. Op. cit., p. 1.218.

como Espinosa, que faz saltar todas as travas e clivagens habituais de nosso pensamento.

Um pequeno desvio pela Índia nos permitirá melhor compreendê-lo. Sua concepção de Deus com efeito é aí muito mais familiar. Já evoquei o fato de que Espinosa escapa ao dualismo metafísico tradicional do Ocidente para estabelecer um monismo: Deus e o mundo são uma só e mesma realidade. Ora, isso é o coração mesmo da maior corrente filosófica do pensamento indiano: o *Advaïta Vedanta*, a via da não dualidade. Essa corrente postula a unidade entre Deus e o mundo. Tudo é em Deus e Deus é em tudo.

Fundada sobre alguns *Upanishads* (textos antigos no século VIII antes de nossa era), a via da não dualidade foi desenvolvida e sistematizada pelo grande filósofo Shankara no século VIII de nossa era. Essa doutrina identifica assim o divino impessoal (o *brahma*) e a alma individual (o *atman*). O caminho da sabedoria consiste em tomar consciência de que o *brahma* e o *atman* são apenas um, que cada indivíduo é uma parte do Todo cósmico. Shankara aliás conserva propósitos similares àqueles de Espinosa em relação às doutrinas religiosas tradicionais, dualistas, que pululam também na Índia: repousando sobre a fé e a devoção amorosa para com Deus (que assume mil feições), elas permitem a milhões de hindus praticarem a justiça e o amor, e, portanto, progredir espiritualmente. Mas ele afirma que a via não dualista exprime mais profundamente o real, e que a realização do ser, alvo último de toda vida humana, implica a cessação de toda dualidade. Porque saiu da dualidade, o sábio é um "ser vivo liberado", para quem não há mais do que a "plena felicidade da pura consciência, que é Una" (*saccidânanda*). A liberação (Espinosa diria a "salvação") é o fruto de uma tomada de consciência ao mesmo tempo intelectual e intuitiva, que traz a felicidade suprema, a alegria sem limite. Como veremos, Espinosa não diz outra coisa ao final da *Ética*.

Pode-se perguntar: Por que Espinosa começa sua *Ética*, que é reputada ser um guia de vida para a alegria perfeita, por essa reflexão sobre Deus? É simplesmente porque ele está convencido de que toda *Ética* deve necessariamente repousar sobre uma metafísica, sobre uma certa visão do mundo e de Deus. Nossos atos e a orientação profunda que damos a nossa vida não são os mesmos segundo a compreensão que temos de nossa ligação ao mundo e ao absoluto. Assim, como o sublinha muito justamente Robert Misrahi, sua metafísica nos mostra que o "itinerário da sabedoria não será, portanto, uma ascensão para o céu ou para o além indizível, mas um aprofundamento da existência ela mesma, em nosso mundo único, a Natureza"[102]. Acrescentemos também, já que Espinosa nos promete um caminho para a beatitude, que a alegria mais pura vem quando nós aprendemos a concordar nossa natureza com a Natureza, a nos colocar no diapasão – graças à razão – da sinfonia cósmica. Essa concepção tocou profundamente Albert Einstein. Perguntou-se muitas vezes a ele se acreditava em Deus. Ele respondia sempre a mesma coisa: no Deus da Bíblia, não, mas no Deus cósmico de Espinosa, sim. Assim, quando o grande rabino de Nova York lhe colocou mais uma vez a questão, ele respondeu: "Eu acredito no Deus de Espinosa que se revela na harmonia de tudo o que existe, mas não em um Deus que se preocuparia com o destino e os atos humanos".

---
[102] MISRAHI, R. *Spinoza*. Entrelacs, 2005, p. 54.

3
Aumentar em potência, perfeição e alegria

> *A alegria é a passagem de uma menor a uma maior perfeição.*

Após o estudo de Deus, Espinosa passa ao do homem. Antes de se encarnar no caminho ético, sua metafísica se afina numa antropologia em que a psicologia tem um lugar importante. O que é o ser humano? Do que ele é composto? Quais são as possibilidades e os limites de seu conhecimento? Qual é o motor de sua existência? Quais são a origem e a natureza de seus sentimentos? A segunda e a terceira partes da *Ética* são consagradas ao estudo dessas questões. Evocarei nos capítulos seguintes a maneira pela qual fala do desejo, dos sentimentos e das emoções, pois o que ele diz pode nos ser de grande ajuda no conhecimento de nós mesmos e na compreensão de nosso funcionamento psicológico. Mas gostaria primeiro de sublinhar alguns aspectos fundamentais da antropologia espinosista, particularmente esclarecedora para compreender em seguida o processo de liberação que conduz à alegria perfeita.

Após ter elaborado uma concepção monista de Deus, Espinosa estabelece, na mesma trilha, uma concepção monista do ser humano, igualmente revolucionária. A tradição cristã, na linhagem de Platão (mas de maneira menos nítida), está fundada de fato sobre um dualismo entre a alma e o corpo. De um ponto de vista filosófico, Descartes retoma essa dualidade e valoriza a alma em detrimento do corpo, já que a alma é de essência divina enquanto o corpo é de essência material. Quando o corpo age sobre a alma, a alma "padece", ela sofre a influência do corpo, e, inversamente, a alma pode "dominar" o corpo pela força da vontade – como um cocheiro (a alma) que doma e guia seus cavalos (o corpo).

Espinosa propõe uma visão inteiramente outra das coisas. A palavra latina mais corrente para dizer "alma" (*anima*), carregada de teologia, é raramente utilizada pelo filósofo, que prefere a palavra latina *mens*, que se traduzirá de forma mais justa por "mente". Ora, contrariamente a Descartes, Espinosa não considera o corpo e a mente como duas substâncias diferentes, mas como uma só e mesma realidade exprimindo-se segundo dois modos diferentes: "A mente e o corpo são uma só e mesma coisa, concebida seja sob o atributo do Pensamento, seja sob o atributo da Extensão"[103]. Disso resulta que o corpo é de natureza tão divina quanto a mente, pois que o Pensamento e a Extensão, como veremos, são dois atributos divinos. É, portanto, absurdo desvalorizá-lo ou desprezá-lo. O corpo tem a mesma dignidade que a mente. Ele é essencial ao crescimento da mente, como a mente é essencial à preservação e ao crescimento do corpo. De fato, não se pode nem os opor nem os separar. Eles funcionam juntos, pois são apenas duas faces de uma só e mesma realidade. A mente é a expressão intelectual do corpo, o qual é a expressão extensa da mente. A mente não pode pensar ou imaginar sem o corpo, e o corpo não pode se mover ou agir sem a mente. Todo conhecimento de si e de sua mente é um conhecimento através do corpo. Reencontramos aqui o que havia explicitado Espinosa em seu *Tratado teológico-político* a propósito do conhecimento profético: ele é sempre relativo à imaginação, à sensibilidade, ao temperamento,

---
[103] *Ética*. Parte II, proposição 2, escólio.

à experiência corporal do profeta. Vale o mesmo para cada um de nós: pensamos a partir de nosso corpo. A percepção que nós temos do mundo e as ideias que daí decorrem estão ligadas à maneira pela qual nosso corpo é constituído e afetado pelo mundo exterior. Fiquei impressionado ao constatar que o pensamento dos grandes filósofos é marcado pelo selo de sua sensibilidade corporal. A filosofia pessimista de Schopenhauer está muito possivelmente ligada à sua saúde frágil e à sua ansiedade, como o pensamento otimista de Montaigne à sua potência corporal e à sua alegria de viver.

Precisemos a esse propósito que, por corpo, Espinosa não entende unicamente o corpo físico, mas a corporeidade em todas as suas dimensões: física, sensorial, emocional, afetiva. Pode-se ter uma fraca constituição física (por causa de uma deficiência, por exemplo), mas uma grande potência corporal devido a nossos desejos, emoções, capacidades sensitivas. E quando o corpo está doente, não é somente dos órgãos que é preciso tratar. É preciso considerar também nossas emoções, nossa afetividade. Eis por que Espinosa recomenda contentar o corpo, entretê-lo e aumentar sua potência através de todas as suas dimensões. "Usar das coisas e nisso obter prazer tanto quanto se pode é próprio de um homem sábio", escreve ele. "É próprio de um homem sábio, digo eu, reconfortar e restaurar suas forças graças a uma alimentação e bebidas agradáveis tomadas com moderação, e também graças aos perfumes, ao charme das plantas verdejantes, dos adornos, da música, dos jogos esportivos, dos espetáculos etc., do que cada um pode usufruir sem fazer muito mal a outro"[104].

Estamos, portanto, nas antípodas tanto de uma medicina repousando sobre uma visão puramente orgânica e mecanicista do corpo, quanto de uma espiritualidade ascética, que recomenda reprimir o corpo, desprezá-lo, ignorá-lo, para aumentar a potência da mente. Essa visão de uma união substancial do corpo e da mente tem conse-

---

104 *Ética*. Proposição 45, escólio, p. 529.

quências em todos os domínios: da medicina à espiritualidade, mas também em nossa vida cotidiana e nossas relações com os outros.

Espinosa não nega que existe uma forma de dualidade em nós, mas esta não se situa, como pensavam Descartes e os moralistas cristãos, entre o corpo e a mente, entre a razão e as paixões, mas entre a alegria e a tristeza. A clivagem fundamental no seio do ser humano não separa mais, portanto, duas partes do seu ser, mas dois tipos de afetos: a alegria e a tristeza, que Espinosa considera como os dois sentimentos fundamentais. Por que atribui ele tanta importância a essa dualidade, alegria-tristeza? A proposição 6 do Livro III da *Ética* constitui uma das principais chaves da doutrina espinosista: "Cada coisa, segundo sua potência de ser, se esforça em perseverar em seu ser". Esse esforço (*conatus*, em latim) é uma lei universal da vida, o que a biologia moderna confirmará. Assim, o neurocientista Antonio Damasio dedicou uma obra a Espinosa: *Spinoza avait raison – Joie et tristesse, le cerveau des émotions**, na qual ele escreve: "O organismo vivo é construído de tal sorte que ele preserva a coerência de suas estruturas e de suas funções contra os numerosos acasos que ameaçam a vida"[105]. Espinosa constata em seguida que, de maneira totalmente natural, cada organismo se esforça em progredir, aumentar, alcançar uma maior perfeição. Ele visa assim aumentar sua potência. Ora, nosso corpo e nossa mente são afetados por muitos outros corpos e ideias que provêm do mundo exterior. Essas "afecções" (*affectio*, em latim) não são necessariamente negativas: elas podem tanto nos prejudicar e nos diminuir quanto nos regenerar e nos fazer crescer. A contemplação de uma bela paisagem, por exemplo, constitui um encontro com um corpo

---

* No Brasil, a obra recebeu o título de *Em busca de Espinosa*: prazer e dor nas ciências dos sentimentos. São Paulo: Companhia das Letras, 2004 [N.T.].
105 DAMASIO, A. *Spinoza avait raison* – Joie et tristesse, le cerveau des émotions. Odile Jacob, 2003, p. 40.

exterior que nos regenera. Inversamente, ouvir uma palavra ofensiva a nosso respeito constitui um encontro com um pensamento que nos faz mal. Cada vez que um encontro com uma ideia ou um corpo exterior concorda com nossa natureza, ele aumenta nossa potência. Cada vez, ao contrário, que não está em harmonia com a nossa natureza, ele a diminui. E Espinosa constata ainda que o aumento de nossa potência é acompanhado de um sentimento (*affectus*, em latim, que traduzo indiferentemente aqui por "afeto" ou "sentimento") de alegria, enquanto a diminuição de nossa potência é acompanhada de um sentimento de tristeza. "A alegria, diz ele, é a passagem de uma menor a uma maior perfeição", como "a tristeza é a passagem de uma maior a uma menor perfeição"[106]. Assim, a alegria é o afeto fundamental que acompanha todo aumento de nossa potência de agir, como a tristeza é o afeto fundamental que acompanha toda diminuição de nossa potência de agir. O objetivo da *Ética* espinosista consiste, a partir daí, em organizar sua vida graças à razão para diminuir a tristeza e aumentar a alegria até a beatitude suprema.

Eu friso bem *"graças à razão"* porque, para Espinosa, buscar o aumento de nossa potência vital, de nossa potência de agir, e, portanto, da alegria que disso decorre, é natural e universal. Enquanto o ignorante realiza essa busca através de sua imaginação e de um conhecimento parcial, portanto "inadequado", das coisas, o sábio procura progredir pelo viés da razão, que lhe dá um conhecimento "adequado" das coisas. Espinosa distingue, assim, dois modos fundamentais de conhecimento, que têm consequências práticas decisivas. O primeiro gênero é unicamente constituído pelos encontros com os corpos e ideias exteriores que afetam nosso corpo e nossa mente. Esses encontros produzem imagens que não correspondem à realidade objetiva, mas à representação que dela se faz. Espinosa qualifica de "inadequado" (falso, imperfeito, mutilado) o conhecimen-

---

[106] *Ética*. Parte III, proposição 11, escólio.

to de mim mesmo e do mundo que disso decorre. Eis aí o primeiro gênero de conhecimento: a opinião que se faz de uma coisa ligada à representação imaginativa e parcial que dela se tem. Entretanto, pode-se ultrapassar esse estado imperfeito de conhecimento graças ao desenvolvimento da razão, que se apoia sobre as "noções comuns a todos os homens, pois todos os corpos têm em comum certas coisas que devem ser percebidas por todos de maneira adequada, em outras palavras, de maneira clara e distinta"[107]. Como essas noções comuns a todos os homens, ideias adequadas universais, são recobertas por nossas representações imaginativas e nossas opiniões, devemos nos utilizar de nossa razão para liberar essas noções comuns, e também, consequentemente, chegar a discernir o que é bom e mau para nós.

Conforme nosso modo de conhecimento está mais ligado à nossa imaginação ou à nossa razão, a alegria que decorrerá não será de mesma natureza. A alegria nascida de um afeto ligado a uma ideia inadequada será "passiva", nos diz Espinosa, isto é, parcial e provisória, porque ela se funda sobre um conhecimento errôneo. Ao passo que uma alegria ligada a uma ideia adequada será "ativa", ou seja, profunda e durável, porque ligada a um conhecimento verdadeiro.

Tomemos um exemplo bastante eloquente: o do encontro amoroso. Espinosa define o amor como "uma alegria que acompanha a ideia de uma causa exterior"[108]. No quadro de um encontro amoroso, a causa exterior é a pessoa amada. Mas Espinosa precisa bem que a alegria não vem diretamente dessa pessoa, mas da *ideia* que se tem dela. Ora, essa ideia pode ser falsa, parcial, imaginativa, portanto, inadequada, ou, ao contrário, verdadeira, completa, fundada sobre a razão, e, portanto, adequada. No primeiro caso, a alegria será passiva, ela só durará o tempo da ilusão sobre a qual está fundado esse amor. E Espinosa esclarece que, quando sairmos da ilusão e tivermos um conhecimento verdadeiro

---

107 Ibid., parte II, proposição 38, corolário.
108 Ibid., parte III, 13 e 30, escólios.

do outro, a alegria (passiva) se transformará em tristeza, até mesmo em ódio (que ele define como "uma tristeza, que acompanha a ideia de uma causa exterior"[109]). É o que nós podemos observar tão frequentemente. Muitas vezes, o encontro amoroso começa por uma ilusão: apaixonamo-nos sem verdadeiramente conhecer o outro. A psicanálise explicitou bem o mecanismo da "projeção", tão frequente no encontro amoroso: somos atraídos por uma pessoa por razões inconscientes: ela nos lembra, por exemplo, o pai ausente ou muito autoritário, a mãe que rejeita ou demasiado sufocante, e procuramos inconscientemente reconstruir um cenário neurótico da infância para nos liberar disso. Atraímos, portanto, para nós, pela potência de nosso inconsciente, pessoas que estão em ressonância com nossas problemáticas infantis não resolvidas. Mas podemos também ser atraídos por pessoas por um monte de outras razões: nós a imaginamos boa, porque a desejamos sexualmente, ou somos atraídos por uma face luminosa dela que se revelará uma mentira ou uma postura destinada a nos seduzir etc. Em suma, a maior parte dos encontros amorosos começa por se enlaçar em ilusões, sobre um conhecimento mais fundado sobre a imaginação do que sobre a razão. Não é menos verdade que o encontro pode ter, num primeiro momento, um impacto positivo considerável e parecer aumentar nossa potência vital nos colocando na alegria. Eis a intensidade do que se chama, muito justamente, a "paixão" amorosa.

Enquanto dura a paixão e a força do desejo ligados à ilusão, a alegria está aí. Mas, quando vamos conhecendo melhor o outro, a imaginação vai progressivamente cedendo lugar à realidade. E é quando tivermos uma percepção justa do outro que a alegria, se ela estava fundada sobre uma ilusão, vai se transformar em tristeza, e o amor, às vezes, em ódio. Quanto mais percebemos o outro de maneira adequada, mais a alegria passiva pode se transformar em alegria ativa e, a paixão, em amor profundo e durável.

---

109 Ibid., parte III, 13, escólio.

4
Compreender esses sentimentos que nos governam

Oscilamos, inconscientes de nossa sorte e de nosso destino.

No início da terceira parte da *Ética*, dedicada ao estudo dos sentimentos (ou afetos), Espinosa lembra uma coisa fundamental: o ser humano não está na Natureza "como um império num império". Ele é parte integrante da Natureza, que é una e age em toda parte de maneira idêntica, "o que significa que as leis e as regras da Natureza, segundo as quais toda coisa é produzida e passa de uma forma a uma outra, são sempre e em toda parte as mesmas, e por consequência não pode existir senão um único e mesmo meio de compreender a natureza das coisas, quaisquer que elas sejam: pelas leis e regras universais da Natureza"[110]. Assim, convém buscar compreender e explicar o comportamento humano como se faz com qualquer fenômeno natural. Um furacão ocorre: os metereólogos buscam compreender como e por que ele se constituiu e, em seguida, descrever sua possível trajetória, em função dos outros fenômenos que ele encontra em sua rota. Vale o mesmo para os comportamentos humanos: em vez de zombar deles, julgá-los, lamentá-los ou odiá-los, busquemos

---
110 Ibid., parte III, prefácio, p. 412.

decifrá-los, compreender suas causas, analisá-los, referindo-os às leis imutáveis da Natureza. Uma cólera se explica tanto quanto um tornado, e o ciúme tem causas tanto racionais quanto um eclipse do sol. Esta é a razão pela qual Espinosa apela para que não se ponha nenhum julgamento sobre os homens e suas ações, pois é impossível compreendê-los enquanto não se compreendeu as causas profundas que os movem.

> Os sentimentos, pelos quais os seres humanos são agitados, seriam eles defeitos aos quais sucumbiríamos por nossa culpa? Tal é a opinião dos filósofos [Espinosa entende aqui sobretudo os moralistas, o que inclui os padres] que tomam partido, seja para rirem-se deles, seja para lamentá-los, explodirem-se em reprovações, ou mesmo (por afecção de rigorismo) em maldições. Eles se figuram, sem dúvida, cumprir uma obra sublime e atingir a mais alta sabedoria fazendo o elogio renovado de uma natureza humana fictícia, para acusar tanto mais impiedosamente aquela que existe de fato. Pois não concebem os homens tais como eles são, mas tais como sua filosofia gostaria que eles fossem[111].

Espinosa nos convida, portanto, a não construir um modelo de humanidade em função do qual julgaríamos as ações humanas, mas a tomar o ser humano tal como ele é, em sua natureza ao mesmo tempo universal e singular, e a só julgar suas ações em função das razões, das causas profundas que lhes motivaram. Isso é muitas vezes impossível, e por isso é tão delicado fazer um julgamento moral sobre os seres, os quais, além disso, agem mais frequentemente sem saber, sem ter qualquer consciência das causas dos seus atos. Após Jesus, que não cessava de repetir: "Não julgai", e antes de Freud, que tão bem explorou o mundo do inconsciente, Espinosa explicitou perfeitamente o quanto o homem permanecia um enigma para ele mesmo e, melhor ainda, propôs um caminho de conhecimento de seus afetos a fim de que ele ganhe em lucidez, liberdade e alegria.

---

111 ESPINOSA. *Tratado político*. Cap. I, p. 918.

As teorias freudianas parecem às vezes tão próximas de Espinosa, que muitos de seus interlocutores não deixaram de perguntar ao pai da psicanálise por que ele jamais mencionara em seus escritos sua dívida em relação ao filósofo. Freud deu essa resposta em 28 de junho de 1931, em uma carta a Lothar Bickel: "Admito totalmente minha dependência em relação à doutrina de Espinosa. Não havia razão para que eu mencionasse explicitamente seu nome, já que construí minhas hipóteses a partir do clima que ele criou mais do que a partir de um estudo de sua obra".

Gilles Deleuze encontrou a expressão exata para qualificar a abordagem espinosista dos sentimentos humanos: "A *Ética* de Espinosa não tem nada a ver com uma moral, ele a concebe como uma etologia"[112]. Ciência recente do comportamento dos seres vivos, a etologia considera antes de tudo como cada ser (animal ou humano) tem um poder de afetar e ser afetado, e os afetos (emoções e sentimentos) que disso resulta. É precisamente o que já evocamos: Espinosa considera que tudo o que nos constitui (e que explica nosso comportamento) provém dos encontros (corpo, ideias) que nos afetaram desde nosso nascimento e que produziram em nós afetos muito diversos. Em outras palavras, tudo na vida é uma questão de bom ou mau encontro. Um encontro feliz, harmonioso, que convém à nossa natureza, aumenta nossa potência de ser e de ação e proporciona sentimentos positivos (alegria, confiança, amor). Um encontro infeliz, inapropriado, desvalorizante, nocivo, diminui nossa potência e nos mergulha nos afetos negativos (tristeza, medo, culpabilidade, ódio etc.). Como diziam nossos pais quando éramos pequenos: veja bem com quem você anda!

Espinosa não diz outra coisa, mas ele o entende evidentemente em um sentido muito mais geral. Toda a nossa felicidade e toda a nossa

---

[112] DELEUZE, G. *Spinoza...* Op. cit., p. 164.

infelicidade provêm das coisas, ideias e seres que vão nos afetar, para o bem ou para o mal. Pode-se, consequentemente, deixar-se oscilar ao sabor da fortuna, isto é, dos bons ou maus encontros da vida, sem discernimento nem capacidade de suscitá-los ou evitá-los. É assim que nós vivemos espontaneamente, nos diz Espinosa: "Somos agitados de muitas maneiras pelas causas exteriores, e, como as ondas do mar agitadas por ventos contrários, oscilamos, inconscientes de nossa sorte e de nosso destino"[113]. Mas podemos também tomar nosso destino em nossas mãos e decidir tornarmo-nos mais lúcidos sobre nós mesmos e sobre os outros, adquirir um melhor conhecimento das leis universais da vida e de nossa natureza singular. Fruto da experiência e da razão, esse conhecimento nos permite assim saber o que é bom e mau para nós, o que concorda ou não concorda com a nossa natureza, o que aumenta ou diminui nossa potência e nossa alegria.

Tomemos alguns exemplos simples. Primeiramente, a alimentação. O objetivo perseguido quando nos alimentamos é a subsistência, a boa saúde e o prazer do corpo. Uma lei universal da Natureza diz que se absorvermos uma substância que concorda mal com nossa natureza singular, disso resultará uma diminuição de nossa potência de agir, sob a forma de um problema de saúde e de um afeto de tristeza. Assim, é necessário saber quais alimentos e quais bebidas concordam com nossa natureza. Certamente, existem regras gerais válidas para todos os humanos: a água é boa para todo o mundo, e arsênico é um veneno universal. Mas existem também variáveis para cada um de nós, que dependem de nossa constituição física singular. Assim, fulano suportará muito bem o consumo regular de álcool, enquanto um outro não tolerará uma gota. Alguns têm mais necessidade de proteínas animais, enquanto outros podem facilmente

---

113 *Ética*. Parte III, proposição 59, escólio, p. 486.

passar sem elas. Alguns têm intolerância ao glúten, outros aos frutos do mar, outros ainda às nozes. Trata-se, portanto, de discernir, com a experiência, o que nos prejudica e, ao contrário, o que nos fortalece. Fiz, há alguns anos, um teste sanguíneo que visava verificar minha tolerância ou intolerância a mais de 300 alimentos. O resultado revelou que eu era intolerante a cinco coisas: leite de vaca, glúten de trigo, amêndoas, feijão branco e cafeína. Não aprendi nada com isso, porque fazia anos que não consumia esses alimentos, tendo constatado que eles me eram nocivos, ainda que adore o gosto deles! E é aí que intervém a razão: ela nos ajuda a ultrapassar os afetos de prazer e desprazer para escolher o que nos faz bem (às vezes alimentos ou medicamentos com gosto pouco agradável) e renunciar ao que nos faz mal, e que às vezes é – ai de mim! – excelente! Apoiando-se sobre a experiência, a razão ordena nossa conduta alimentar em função do que aumenta nossa potência corporal ou do que a diminui. Podemos, claro, fazer o inverso e preferir só comer doces e coisas gordurosas porque adoramos isso, mesmo que conheçamos os malefícios para nossa saúde. A sabedoria, para Espinosa, não é um dever. É uma proposição oferecida àqueles que querem aumentar a potência de sua vitalidade corporal e espiritual, e viver mais e mais na alegria.

Vou tomar um outro exemplo: aquele dos alimentos da mente. Da mesma forma que temos um corpo singular, temos uma mente singular, a qual se alimenta dos encontros os mais diversos, principalmente com ideias, crenças, palavras. Como na alimentação, alguns encontros são nocivos a todos e algumas palavras envenenam a mente de todo ser humano: "Você não vale nada!" "Você é um monstro!" Inversamente, há falas que a fortalecem: "Eu te amo!" "Você é bonito!" etc. Mas há também alimentos espirituais positivos para alguns sem o ser necessariamente para outros. Algumas pessoas têm necessidade de crer em forças superiores que as ajudam em sua vida cotidiana, outras não. Alguns se alimentam de poesia, outros de ensaios históricos e outros ainda de romances policiais. Alguns serão afetados negativamente por certas ideias, enquanto outros, ao contrário, serão estimulados por elas. Em suma, a experiência da vida e o uso da razão nos permitem, se o desejarmos, organizar nossa existência a fim de fazer os melhores encontros possíveis e evitar, o quanto pudermos, os piores.

Por um formidável trabalho de observação de si mesmo e de seus semelhantes, Espinosa busca elaborar uma verdadeira ciência dos afetos. Ele estabelece três sentimentos de base, de onde todos os outros derivam: o desejo, que exprime nosso esforço em perseverar em nosso ser; a alegria, que permite o aumento de nossa potência de agir; a tristeza, que diminui nossa potência de agir. Ele busca em seguida compreender como os outros afetos nascem e se compõem a partir desses três sentimentos fundamentais. Todos os afetos são expressões particulares do desejo, e serão uma modalidade da alegria se aumentarem nossa potência de agir, ou da tristeza, se a diminuírem. Assim, Espinosa começa por definir uma série de afetos que associam desejo, alegria e tristeza, segundo os objetos que eles se dão. O amor, que é fundado sobre o desejo, se dá por objeto uma coisa ou uma pessoa e constitui uma alegria na medida em que a ideia que nós temos desse objeto aumenta nossa potência de agir (ainda que tenhamos visto anteriormente que essa alegria pode se transformar em tristeza, se o amor está fundado sobre uma ideia inadequada). Inversamente, o ódio se dá por objeto um ser cuja ideia diminui nossa potência de agir e nos mergulha na tristeza. Eis por que Espinosa define o amor como "uma alegria que acompanha a ideia de uma causa exterior", e o ódio como "uma tristeza que acompanha a ideia de uma causa exterior"[114]. Segundo a mesma lógica, ele define a satisfação interior como "a alegria que acompanha a ideia de uma causa interior", e o remorso como

---
114 Ibid., proposição 13, escólio.

"a tristeza que acompanha a ideia de uma causa interior"[115]. Essas definições pelos objetos se complexificam ao infinito conforme entram em conta outros mecanismos, tais como a temporalidade, a associação ou a identificação. Assim, Espinosa define a esperança como "uma alegria inconstante, nascida da ideia de uma coisa futura ou passada, cujo resultado nos parece em certa medida duvidoso", e o medo como a "tristeza inconstante, nascida da ideia de uma coisa futura ou passada, cujo resultado nos parece em certa medida duvidoso"[116]. Da mesma forma, ele define o sentimento de segurança como "a alegria que nasce da ideia de uma coisa futura ou passada sobre a qual não há mais razão de duvidar", e o desespero como "a tristeza que nasce da ideia de uma coisa futura ou passada sobre a qual não há mais razão de duvidar"[117]. Ou mais ainda, referindo-se sobretudo ao mecanismo de identificação, ele define a piedade como "a tristeza acompanhada da ideia de um mal que ocorreu a um outro que imaginamos ser semelhante a nós", ou então a indignação como "o ódio para com aquele que faz mal a outrem"[118]. Os mecanismos de identificação e semelhança são essenciais na compreensão dos afetos, nos diz Espinosa, pois somos naturalmente levados a nos comparar aos outros. Os sentimentos simples de amor e ódio, por exemplo, assumem muitas formas mais complexas quando entram em interação com a comparação que estabelecemos entre nós mesmos e os outros. Assim, a inveja face à felicidade dos outros nasce da frustração de que não podemos partilhar sua alegria, de cujo objeto eles possuem em exclusividade. Muito antes de René Girard, Espinosa sublinhou a importância do desejo mimético: eu desejo uma coisa ou uma pessoa porque um outro a possui. Ora, esses mecanismos que produzem nossos afetos nos são muito frequentemente obscuros:

---

115 Ibid., proposição 30, escólio.
116 Ibid., definições dos afetos, 12 e 13.
117 Ibid., 14 e 15.
118 Ibid., proposição 22, escólio e definições dos afetos, 20.

não temos nenhuma consciência das causas profundas que fazem com que sejamos invejosos, amorosos, odiosos, misericordiosos ou desesperados. Padecemos nossa afetividade, quando seria preciso antes instaurá-la. Retomando uma fórmula de Ovídeo, Espinosa lembra assim que, muitas vezes, "nós vemos o melhor e fazemos o pior". Uma amiga um dia me confessou: "Eu aspiro, em minha vida amorosa, a encontrar um homem que me torne feliz, e não cesso de encontrar pessoas que não me convêm e me tornam infeliz". Foi falando com um terapeuta que ela acabou por compreender que ela procurava de maneira inconsciente reviver em sua vida amorosa a humilhação a que seu pai lhe tinha submetido quando criança, maltratando-a. Ela tinha sido envenenada quando criança em sua vida afetiva e buscava o que ela conhecia: o gosto do veneno. Ela aspirava o melhor e encontrava o pior, porque era prisioneira de um mecanismo inconsciente de reprodução, o que se chama em psicanálise de cenário neurótico. Quando tomamos consciência dessa causa inconsciente, podemos nos emancipar. Pois é o conhecimento das causas que libera e nos permite agir de maneira lúcida, orientando nossa ação e nossa escolha sobre o que nos faz crescer e nos põe em uma verdadeira alegria ativa.

Compreendemos melhor, agora, por que o caminho para a alegria passa pela razão e o desenvolvimento das ideias adequadas, isto é, de um exato conhecimento de nós mesmos, do que nos convém e do que não nos convém, como leis universais da Natureza, das quais somos tributários, já que somos também parte dela. Entretanto, e é aí que Espinosa nos surpreende uma vez mais, a razão e a vontade não bastam para nos fazer mudar, afirma ele. O motor da mudança é o desejo. Veremos por quê.

5
Cultivemos o desejo

O desejo é a essência do homem.

Nós vimos que uma das noções mais essenciais da filosofia ética de Espinosa era o *conatus*, o esforço que fazemos para perseverar em nosso ser e aumentá-lo. É o motor de toda a nossa existência, o que nos impulsiona a sobreviver e a aumentar nossa potência de existir. É por ele que Espinosa define a vontade e o desejo. "Esse esforço, quando se refere apenas à mente, chama-se vontade"[119]. Quando se refere ao corpo e à mente, Espinosa o nomeia "apetite", e esclarece que o que se chama "desejo" não é outra coisa senão "o apetite acompanhado da consciência dele". Em outras palavras, o desejo é o apetite, essa potência, esse esforço que nos faz buscar conscientemente tal ou tal coisa. Ora, Espinosa afirma que "o desejo é a essência do homem"[120]. O ser humano é fundamentalmente um ser desejante. Pelo *conatus*, sua natureza o impulsiona sem cessar a desejar. O desejo não tem portanto, em si, nada de mau, pelo contrário. Não mais desejar é apagar a chama da vida. É aniquilar toda potência vital. É se desumanizar. E é essa força natural, essa potência vital, fonte de todos os nossos desejos, que funda a virtude e conduz à felicidade. "O fundamento

---
119 *Ética*. Parte III, proposição 9, escólio, p. 422.
120 Ibid., Definição dos afetos, 1, p. 469.

da virtude é o esforço mesmo para conservar seu ser próprio, e a felicidade consiste para o homem em poder conservar seu ser"[121]. Assim, a razão não somente não se opõe a essa potência vital natural, mas a acompanha para que ela possa se exprimir plenamente. A sabedoria não consiste, portanto, em reprimir o *élan* vital, mas em orientá-lo. "A razão não exige nada contra a Natureza; ela exige então que cada um ame a si mesmo, que busque o útil que é o seu, ou seja, o que lhe é realmente útil, e que deseje tudo o que conduz realmente o homem a uma maior perfeição"[122].

A sabedoria de Espinosa é, portanto, muito diferente daquelas que consideram o desejo como uma falta (Platão) ou como um afeto indiferente (estoicos) ou a ser diminuído (tradições ascéticas) por causa dos descaminhos e do apego que ele proporciona. O desejo não exprime uma falta, mas uma potência, reponde Espinosa a Platão. Ele não é perigoso em si mas enquanto é mal orientado, e sobretudo não é preciso suprimi-lo, mas guiá-lo, clama ele contra os ascetas de todas as religiões que pregam a renúncia. Pois querer suprimir ou diminuir o desejo é diminuir a potência vital do ser humano, é buscar, em nome de um ideal sobre-humano, arrancar-lhe um dos fundamentos de sua humanidade. A ascese, a renúncia ao desejo, não é uma virtude para Espinosa, mas uma diminuição da potência de ser, que conduz antes à tristeza que à alegria. Não é preciso diminuir ou suprimir o desejo, mas orientá-lo pela razão. Aprender a direcioná-lo para pessoas ou coisas que aumentam nossa potência e nossa alegria em lugar de diminuí-la. A sabedoria, como eu disse anteriormente, não é evitar todo encontro, é aprender a selecionar os encontros para favorecer os bons e evitar os maus. É discernir e desejar o que é bom para nós, o que nos traz as mais belas alegrias. Não é diminuir a força do desejo, é reorientá-lo quando ele está mal

---

121 Ibid., parte IV, proposição 18, escólio, p. 505.
122 Ibid., p. 504.

dirigido e estamos infelizes, porque desejamos ou estamos apegados a coisas ou pessoas que nos diminuem em vez de nos elevar.

Nisso Espinosa está de acordo com a maior parte das grandes correntes de sabedoria filosóficas da Antiguidade, tais como o epicurismo ou o aristotelismo: é preciso guiar o desejo pela razão e pela vontade e reorientá-lo para bens verdadeiros, que elevam o homem em vez de aviltá-lo ou de rebaixá-lo. Certamente, mas Espinosa vai mais longe. Enquanto os epicurianos colocam o acento sobre a razão e os estoicos se apoiam sobre a vontade, ele afirma que a razão e a vontade não bastam para nos fazer mudar. Por mais essenciais que sejam, elas não possuem a força que, sozinha, pode nos arrancar de uma paixão má, de um apego destrutivo, de uma dependência. A única força que pode verdadeiramente nos fazer mudar é o desejo. Eis aí uma potência do corpo e da mente capaz de mobilizar todo o nosso ser para levá-lo a mudar, aí onde a razão e a vontade, exclusivamente ligadas à mente, podem se revelar impotentes. Contrariamente a Platão ou Descartes, ele não opõe razão e afetividade, o desejo mobiliza a totalidade do nosso ser, enquanto a razão e a vontade só mobilizam nossa mente: é que a razão tem necessidade dos sentimentos para nos conduzir à sabedoria. Assim, Espinosa afirma essa verdade capital: "Um sentimento não pode ser contrariado ou suprimido senão por um sentimento mais forte que o sentimento a contrariar"[123]. Assim, não se suprimirá um ódio, uma tristeza ou um medo simplesmente raciocinando, mas fazendo surgir um amor, uma alegria, uma esperança. O papel da razão consiste, portanto, em discernir uma coisa ou uma pessoa suscetível de despertar em nós um sentimento positivo, maior que o afeto negativo que nos mergulha na tristeza, e, portanto, capaz de despertar um novo desejo.

---

123 Ibid., proposição 7, p. 496.

Uma pessoa que sofre de um vício fará bem se raciocinar: "Estou infeliz, é preciso que eu pare, estou me destruindo e estragando minha vida" –, mas isso não lhe dará o impulso decisivo que lhe fará se liberar dessa situação de dependência. O que a ajudará, ao contrário, é descobrir um afeto positivo que a levará a se desvencilhar de sua dependência: apaixonar-se, ocupar-se com alegria de alguém, descobrir uma paixão por uma atividade qualquer etc. Esses sentimentos positivos poderão suscitar nela um novo desejo, o qual mobilizará sua vontade para lhe dar a força de seguir sua razão. Conheci um jovem adulto depressivo, incapaz de deixar seu quarto e de retomar sua vida. Uma amiga teve um dia a boa ideia de lhe oferecer um gato. Em alguns dias, ele se interessou pelo gato e se apegou a ele. Esse amor deslanchou o desejo de cuidar do animal e mobilizou suas forças para se levantar de manhã a fim de alimentá-lo, sair para comprar o que ele precisava, levá-lo ao veterinário etc. Pouco a pouco, esse jovem saiu de sua depressão, tornou-se novamente ativo e se ressocializou. Seu amor por esse gato foi mais forte do que o desencorajamento que o invadia, e suscitou nele outras perspectivas, permitindo-lhe mudar.

Estamos bem longe de uma moral do dever fundada sobre a repressão da afetividade, do desejo e dos instintos. A "gestão" do desejo, sua reorientação, tornam-se a chave da felicidade e da fruição. Como já evoquei em outro lugar[124], o que Espinosa teoriza em termos éticos e filosóficos, Jesus, séculos antes, o pôs em prática, em nome da espiritualidade do amor que ele prega. O que Espinosa chama de paixão, isto é, um desejo ligado a uma ideia inadequada, portanto, mal direcionado, Jesus o nomeia "pecado", palavra que, em hebreu, significa "errar seu alvo"*. Ao longo dos séculos e do desenvolvimento da tradição cristã, o "pecado" tornou-se uma palavra culpabilizante,

---

[124] *La Puissance de la joie*. Fayard, 2015, p. 110-112 [Edição em português: *O poder da alegria*. Objetiva, 2017 (N. T.)].

* No original, *manquer sa cible* [N.T.].

carregando o peso de uma moral opressora, aquela das intermináveis listas de pecados erigidas pela Igreja, dos quais alguns são reputados nos conduzir direto para o inferno. Não há nada disso no Evangelho. Jesus não julga nem jamais condena ninguém. Quando salva a mulher adúltera do apedrejamento, ele diz: "Não te condeno. Vai, e daqui em diante não peques mais", o que um espinosista poderia traduzir por: "Aumenta teu desejo, reorienta-o, não te engana mais de alvo". Ocorre sempre assim com o Cristo, que não julga nem condena, mas salva e releva, segundo a frase do evangelista João: "Deus não enviou seu Filho ao mundo para que julgue o mundo, mas para que o mundo seja salvo por Ele"[125]. Jesus (não menos que Espinosa) não diz jamais "está bem" ou "está mal", mas antes "é verdade" ou "é falso", isso te faz crescer, ou isso te diminui. E, mais do que oprimir seus interlocutores com uma condenação moral, ele os ajuda a se levantar por um gesto ou um olhar amoroso. O evangelista Lucas, por exemplo, nos narra a história de Zaqueu[126]. Eis um coletor de impostos corrupto, detestado por todos, um publicano que toma o dinheiro de seu povo para dar aos romanos – e, de quebra, ele rouba a metade para pôr em sua bolsa. Resumindo, esse homem está totalmente corrompido. No entanto, quando Jesus chega em seu vilarejo, Zaqueu fica muito impressionado. Pequeno em tamanho, ele trepa sobre uma figueira para observá-lo. Todo mundo supõe que Jesus fará sua refeição na casa do morador mais religiosamente respeitável: o padre ou o fariseu. De modo algum! Jesus levanta os olhos, percebe Zaqueu e o interpela: "Desce rápido, pois hoje preciso repousar em tua casa". Confuso, Zaqueu destrepa de sua árvore, joga-se aos pés de Jesus e lhe anuncia: "Vou dar a metade de meus bens aos pobres, e se extorqui alguma coisa de alguém, devolver-lhe-ei o quádruplo". Zaqueu não decidiu mudar sua conduta porque Jesus lhe teria dado uma lição qualquer

---

125 Jo 3,17.
126 Lc 19,1-10.

de moral ou lhe teria prometido o inferno, mas porque o olhou com amor. E, por esse amor, ele despertou em Zaqueu o desejo de ser melhor, de expandir, de mudar de vida. Jesus, à maneira de Espinosa, é "o mestre do desejo", o que Françoise Dolto havia perfeitamente expresso em seu *O Evangelho sob o risco da psicanálise**. E da mesma forma que a filosofia de Espinosa é uma filosofia da alegria, assim também o ensinamento de Jesus conduz à alegria: "Eu vos dou minha alegria para que vossa alegria seja completa"[127]. É essa mensagem que o Papa Francisco tenta hoje reabilitar, lembrando aos clérigos e aos fiéis católicos que a Igreja tem por vocação tocar os corações pelo exemplo, pelo amor e pela alegria, mais do que inquietá-los com um discurso moralizador que exclui todos aqueles que caminham fora das regras. E não é por acaso que seu primeiro texto pontifício se intitula: "A alegria do Evangelho".

A concepção espinosista do desejo e da afetividade constitui, portanto, uma ruptura profunda com a tradição filosófica e religiosa clássica. De maneira tradicional, opõe-se a afetividade à razão e à vontade, estas tendo por missão domar nossos afetos. Espinosa nos mostra que não é nada disso e que nossos afetos não constituem um mal que se trataria de represar. Ele substitui a dualidade razão/afetividade pela dualidade atividade/passividade. A passividade, como vimos, é um estado em que nós somos movidos por causas exteriores e ideias inadequadas. A atividade intervém quando agimos a partir de nossa natureza própria e de ideias adequadas. No primeiro caso, padecemos (donde a palavra "paixão", do grego *pathos*), porque nossa afetividade padece uma influência exterior da qual não temos consciência ou da qual temos um conhecimento parcial ou errôneo.

---

* *Évangile au risque de la psychanalyse*. No Brasil, uma das traduções desta obra de Dolto com Gérard Séverin recebeu o título de *Os Evangelhos à luz da psicanálise*, publicada em 2011 pela Editora Verus [N.T.].
127 Jo 15,2.

No segundo, agimos porque nossos afetos provêm de nossa natureza e são clarificados por um conhecimento exato de suas causas. Eis por que a paixão produz alegrias passivas e, a ação, alegrias ativas.

O que constitui um mal não é, portanto, a afetividade ou o desejo, mas a passividade na afetividade ou no desejo. Trata-se então de converter essa passividade em atividade pelo uso da razão e dos sentimentos. Trata-se de converter nossas paixões – ligadas a nosso imaginário e a ideias parciais, truncadas, inadequadas – em ações, isto é, em afetos ligados a ideias adequadas. Assim, não padecemos mais nossa afetividade, nós a instauramos, reorientamos conscientemente nossos desejos para o que é mais conforme à nossa natureza, para as coisas ou os seres que nos fazem expandir, nos colocam numa alegria verdadeira e durável.

O ser humano é fundamentalmente um ser de desejo. Todo desejo é a busca da alegria, ou seja, de um aumento de nossa potência vital. A tristeza, ao contrário, exprime uma diminuição de nossa potência de ser, porque ela vem de um mal encontro, que concorda mal com nossa natureza, ou de uma paixão, portanto, de um desejo mal orientado, mal esclarecido, influenciado por uma causa exterior que nos escapa. Vivemos mais frequentemente sob o império de nossas paixões, que nos trazem alegrias passivas, portanto provisórias, ou mesmo tristezas. O caminho proposto por Espinosa consiste em se apoiar sobre nossa potência vital, nossos desejos, nossos sentimentos, clarificando-os pelo discernimento da razão a fim de substituir nossas ideias imperfeitas, parciais, inadequadas, imaginárias, por um verdadeiro conhecimento que transforma nossos afetos passivos em afetos ativos, dependentes apenas de nós mesmos.

6
Para além do bem e do mal

> *Chamamos bom aquilo que desejamos.*

Existe um segundo ponto de ruptura, igualmente essencial, entre o pensamento de Espinosa e a tradição filosófica idealista desde Platão, que afirma que desejamos uma coisa porque ela é boa. O bem magnetiza nosso desejo. Se desejo praticar a justiça, é porque ela é boa em si; se desejo comer chocolate, é porque é bom. Ora, Espinosa nos diz exatamente o inverso: "Não desejamos alguma coisa porque julgamos que ela é boa, mas, ao contrário, nós chamamos bom aquilo que desejamos". Que revolução do olhar! Não é porque a justiça é boa em si que a desejo, nos diz ele, mas é porque tenho um desejo de justiça que a estimo boa. E se tenho vontade de comer chocolate, não é porque o chocolate é bom – algumas pessoas não gostam de chocolate –, mas porque eu o desejo é que eu digo que ele é bom. Espinosa reporta o bem a nossos gostos e a nossos desejos subjetivos. Uma pessoa que tem o desejo de Deus afirmará que Deus é bom, e inversamente, uma pessoa que não tem qualquer desejo de Deus não pensará nada disso e não poderá subscrever uma tal afirmação. O amante da música clássica será abalado e achará sublimes o *Requiem* de Mozart e as *Variações Goldberg* de Bach; pelo contrário, aquele que só gosta de *heavy metal* não verá aí nada de bom ou de belo. É o desejo que nos faz avaliar que uma coisa é boa, e não o inverso: eis como relativizar toda a moral tradicional.

Espinosa considera, com efeito, que não existe um bem transcendente e universal ao qual todo ser deveria tender, e um mal transcendente e universal que todos deveriam evitar. Ele considera o que é bom e o que é mau para cada indivíduo em particular: "Chamamos bom ou mau o que é útil ou nocivo à conservação de nosso ser, ou seja, o que aumenta ou diminui, ajuda ou contraria nossa potência de agir. Portanto, enquanto percebemos que uma coisa nos afeta de alegria ou tristeza, nós a chamamos boa ou má"[128]. A virtude, a conduta justa, não é, portanto, nada mais do que a ação de buscar o que é bom e útil ao aumento de nossa potência vital. Colocar-se em busca do que nos põe em alegria e fugir do que nos torna tristes é favorecer os encontros que nos fazem crescer e evitar aqueles que nos diminuem. A conduta de uma vida é própria a cada indivíduo e relativa à sua natureza singular. O filósofo, todavia, toma cuidado em precisar, e é essencial que isso só é verdade se somos esclarecidos pela razão. Se somos movidos por nosso imaginário ou por ideias inadequadas, estaremos submetidos a nossas paixões e, acreditando fazer o que é bom para nós, faremos mal a nós e sem dúvida também aos outros. Essa é ainda a razão pela qual a lei religiosa é útil e, a lei social, indispensável. Uma e outra levam em consideração a imperfeição humana e exigem a obediência a uma lei, o que torna possível a vida em sociedade. Espinosa, vimos, tanto toma distância da lei religiosa, a qual ele estima necessário ultrapassar tão logo sejamos capazes de compreender os decretos de Deus apenas pelas forças de nosso entendimento, quanto é categórico sobre a necessidade de seguir a lei da cidade para todos os cidadãos, sejam eles sábios ou ignorantes. Sem isso, toda a vida em sociedade seria impossível. É no seio desse quadro político (e não ético) que ele estima legítimas as

---

[128] *Ética*. Parte IV, proposição 8, demonstração, p. 497.

categorias normativas de bem e de falta, de justo e de injusto etc.[129] E Espinosa esclarece: "Se os homens nascessem livres, não formariam nenhum conceito de bem e mal, enquanto fossem livres"[130]. O homem livre, com efeito, é inteiramente movido pela razão, pelas ideias adequadas. Ao passo que o homem submetido ao poder dos sentimentos e das ideias inadequadas tem necessidade de se forjar essas categorias de bem e mal extrínsecas a ele, a fim de se proteger de si mesmo. Eis por que nada é mais útil a cada indivíduo e à sociedade inteira que cada ser humano busque viver sob a conduta da razão: "Enquanto os homens são dominados por sentimentos que são paixões, eles podem se opor uns aos outros [...]. Apenas na medida em que os homens vivam sob a conduta da razão, eles necessariamente concordam sempre por natureza"[131]. É assim, nos diz Espinosa, que os homens serão mais úteis uns aos outros: "É quando cada homem busca antes de tudo o útil próprio que os homens são mais úteis uns aos outros"[132]. Como já havíamos evocado quando do estudo do *Tratado teológico-político*, Espinosa nos ensina que nenhum regime político, mesmo democrático, funcionaria bem enquanto os humanos fossem mais movidos por suas paixões que por sua razão. Enquanto respeitarmos a lei da cidade apenas por medo da punição e não por íntima convicção, nossas sociedades serão frágeis. Constatam-se então catástrofes naturais com as pilhagens que se seguem. Desde que o policial não esteja mais lá, alguns indivíduos liberam seus desejos desregrados sem qualquer complexo. Para que os outros seres humanos sejam mais úteis uns aos outros, não basta que eles subscrevam à mesma lei exterior; é preciso também que eles aprendam a regrar seus sentimentos pela razão, a fim de tornarem-se livres e responsáveis.

---

129 Ibid., proposição 37, escólio 2.
130 Ibid., proposição 68.
131 Ibid., proposições 34 e 35.
132 Ibid., proposição 35, corolário 2.

É uma verdadeira revolução copernicana da consciência moral que Espinosa instaura: a verdadeira moral não consiste mais em buscar seguir regras exteriores, mas compreender as leis da natureza universal e de nossa natureza singular a fim de aumentar nossa potência de agir e nossa alegria... E é assim que seremos mais úteis aos outros. Não é humilhando-se sob as prescrições morais e religiosas, mas aumentando nossa força pessoal, sob a conduta da razão, que nós estaremos mais certos de agir de maneira boa para nós mesmos e sermos úteis aos outros. Ser virtuoso, desse ponto de vista, não é obedecer. "Agir por virtude, escreve Espinosa, não é em nós senão agir, viver, conservar nosso ser sob a conduta da razão, e isso segundo o princípio de que é preciso buscar o útil que nos é próprio"[133]. À moral tradicional, fundada sobre categorias transcendentes de bem e mal, Espinosa substitui uma ética fundada sobre a busca racional e pessoal do bom e do mau. O homem virtuoso não é mais aquele que obedece à lei moral ou religiosa, mas aquele que discerne o que aumenta sua potência de agir. Enquanto o homem da moral tradicional se compraz nos sentimentos que diminuem sua potência vital (tristeza, remorso, temor, culpabilidade, pensamento de morte), o homem ético de Espinosa só busca o que fortalece nele a potência vital. Ele vira resolutamente as costas à tristeza e a todos os sentimentos mórbidos para pensar apenas no que faz aumentar a alegria verdadeira.

Compreende-se por que Nietzsche, que não cessou de desconstruir as categorias morais transcendentes de bem e mal estabelecidas pela moral cristã, e depois por Kant, se jubilará ao descobrir o pensamento de Espinosa: "Estou espantado, encantado! Tenho um precursor, e que precursor! [...] minha solidão, que como no alto das montanhas, muitas, muitas vezes me deixa sem fôlego e faz jorrar meu sangue, é ao menos uma 'dualidão'. Magnífico!"[134] Essas linhas foram escritas

---
133 Ibid., proposição 24, demonstração, p. 509.
134 Carta a Franz Overbeck, Sils-Maria, 30/07/1881.

em 30 de julho de 1881; ora, Nietzsche confessará que foi em agosto desse mesmo ano que ele teve todas as grandes intuições de sua obra futura. De fato, é apenas alguns anos mais tarde que são publicadas suas grandes obras de desconstrução da moral tradicional (*Além do bem e do mal* em 1886, a *Genealogia da moral* em 1887). A influência de Espinosa sobre seu pensamento é, portanto, imediata e grande. Nietzsche segue igualmente Espinosa sobre a substituição da dualidade bem-mal pela diferença bom-mau: "*Além do bem e do mal*, isso pelo menos não quer dizer: além do bom e do mau", afirma ele na *Genealogia da moral*[135]. Na sequência de Espinosa, Nietzsche constrói igualmente sua ética a partir da alegria e em vista da alegria, mas de maneira fragmentária e por aforismos, lá onde o filósofo holandês construiu um potente sistema racional.

Espinosa vai ainda mais longe e espera mostrar que a *Ética* visa liberar o ser humano da servidão voluntária, aquela de seu encadeamento às paixões: "À impotência do homem para governar e conter suas paixões, chamo Servidão. Com efeito, o homem submetido aos sentimentos não depende de si mesmo, mas da fortuna, cujo poder sobre ele é tal que muitas vezes ele é constrangido a fazer o pior ainda que veja o melhor"[136]. A *Ética* de Espinosa não traz nenhuma injunção moral – "tu deves", "é preciso" –, mas nos propõe adquirir um discernimento pessoal sobre as causas de nossos sentimentos a fim de aumentarmos em potência, liberdade e alegria. Pois, como ele não cessa de repetir, "os homens frequentemente ignoram as causas de seus desejos. Eles são com efeito conscientes de suas ações e de seus desejos, mas ignorantes das causas que os determinam a desejar algo"[137]. É porque não compreenderam que a salvação e a felicidade

---

[135] NIETZSCHE. *Généalogie de la morale* (1ᵉ dissertation, 17).
[136] *Ética*. Parte IV, prefácio. In: *Œuvres complètes*. Op. cit., p. 487.
[137] Ibid.

verdadeiras passam por uma reordenação racional de sua vida interior e de sua afetividade que os humanos inventaram a lei religiosa e a moral laica do dever, que repousam sobre uma ordem exterior inexplicável. "A massa é incapaz de perceber as verdades um pouco profundas", escreve Espinosa numa carta a Willem van Blyenbergh. "É porque, estou persuadido disso, as prescrições reveladas por Deus aos profetas como indispensáveis à salvação foram consignadas sob a forma de leis"[138]. Isso nos assegura pensar que agimos de maneira boa porque obedecemos à lei moral que se impõe a nós de maneira transcendente. É confortável, porque isso nos impede de refletir e de compreender que é no interior de nós mesmos que é preciso buscar o que convém fazer. Não através de um imperativo categórico de tipo kantiano, que resta indemonstrável – minha consciência me dita a lei moral universal –, mas através de uma observação de si minuciosa que nos permite discernir o que é bom e o que é mau para nós, e, portanto, levar uma conduta justa, a qual, porque regrada pela razão, não poderia prejudicar a outrem. A ética imanente e racional do bom e do mau substitui assim a moral transcendente e irracional do bem e do mal. Uma paixão não é mais, por consequência, denunciada como um vício, como é o caso na teologia cristã ou na moral clássica, mas como um veneno e uma escravidão. A ética espinosista consiste em passar da impotência à potência, da tristeza à alegria, da servidão à liberdade. Vemos uma vez mais que a questão da liberdade está no coração do projeto de Espinosa. Da mesma forma que a liberdade de pensar era o verdadeiro objetivo buscado por seu *Tratado teológico-político*, a liberdade interior é o fim último perseguido por sua *Ética*. Ora, e essa é a grande dificuldade de seu pensamento, Espinosa afirma que tudo é determinado e o livre-arbítrio não existe. Examinemos agora esse paradoxo, e vejamos enfim como Espinosa encara a salvação do ser humano, que ele chama de "Beatitude".

---

138 "Carta 19, de 05/01/1665". In: *Œuvres complètes*. Op. cit., p. 625.

7
Liberdade, eternidade, amor

> *Sentimos e experimentamos que somos eternos.*

A questão da liberdade em Espinosa repousa sobre um aparente paradoxo: ela atravessa toda uma obra fundada, de fato, sobre uma noção de determinismo cósmico que parece anulá-la. Bem no início da *Ética*, após ter definido Deus como a Substância única, Espinosa afirma que ele é "a causa imanente de todas as coisas"[139] e que "todas as coisas foram predeterminadas por Deus"[140]. A Natureza é o desdobramento dessa causalidade primeira, e tudo, no mundo, é determinado por causas e produz por sua vez efeitos. Esse encadeamento de causas e efeitos – que não deixa de lembrar a noção hindu e budista de *karma*, a lei da causalidade universal – aplica-se a tudo, incluindo as ações humanas, cujas causas nos são frequentemente desconhecidas. Deixemos claro, todavia, que esse determinismo nada tem de religioso: ele não é a expressão de uma fatalidade ou de um destino. Nenhuma vontade divina superior, que se poderia eventualmente fazer inclinar por nossas preces, é dele a fonte. É simplesmente, de maneira quase mecânica, o desdobramento de uma causalidade primeira através do conjunto dos cosmos. O ser

---
139 *Ética*. Parte I, proposição 18.
140 Ibid., apêndice.

humano se encontra jogado nesse imenso encadeamento de causas e efeitos, e vai ser inteiramente condicionado por ele, participando totalmente dele, já que produzirá efeitos por seus atos. Como, no seio de tal determinismo universal, fazer emergir a possibilidade de uma liberdade individual?

Antes de explicar o que pode ser a liberdade, Espinosa começa por explicitar o que ela não é: o livre-arbítrio. Descartes, na esteira dos teólogos cristãos, afirma que o ser humano é a única criatura a possuir um livre-arbítrio, isto é, uma indeterminação de sua vontade, que pode lhe permitir efetuar escolhas que não sejam determinadas por afetos, portanto, desejos. Espinosa não acredita em uma palavra sequer disso. Ele afirma, como vimos, que "o homem não é um império em um império" e que está submetido à mesma lei de causalidade – tanto em seu corpo quanto em sua mente –, como toda coisa e todo ser vivo. O livre-arbítrio é apenas uma ilusão: "Os homens se acreditam livres porque têm consciência de suas volições e de seus apetites, mas não pensam, nem em sonho, nas causas que os dispõem a desejar e a querer, porque as ignoram"[141]. É, portanto, porque não temos nenhuma consciência das causas que motivam nossas ações que nos consideramos livres. Quando começamos a nos observar atentamente, tomamos consciência de que nossas escolhas e nossos desejos, que acreditávamos orientados de maneira livre, são de fato determinados por toda sorte de causas. A psicologia das profundezas não dirá outra coisa: nossos desejos e nossos atos são motivados por causas que escapam à nossa consciência. Estamos nós, entretanto, condenados a só agir em razão de causas que nos escapam? Não, afirma Espinosa, a liberdade existe, mas trata-se de redefini-la profundamente.

---

[141] *Œuvres complètes*. Op. cit., p. 347 • *Ética*. Parte II, proposição 35, escólio.

Por isso, ele procede em dois tempos. Em um primeiro tempo, ele afirma que "é dita livre a coisa que existe segundo a só necessidade de sua natureza e é determinada por si só a agir"[142]. Nesse sentido, "só Deus é causa livre"[143], ou seja, perfeitamente autônomo e não constrangido por nenhuma causa. Em um segundo tempo, Espinosa também afirma que o ser humano é tanto mais livre quanto mais age segundo sua própria natureza, segundo sua "essência singular", e não somente sob a influência de causas que lhe são exteriores. Em outras palavras, quanto mais formamos ideias adequadas, mais somos conscientes das causas de nossas ações, mais somos capazes de agir em função de nossa natureza própria, e mais seremos autônomos. Quanto mais nossos atos derivem da essência singular de nosso ser, e não mais de causas exteriores, mais eles serão livres. Isso se torna possível pelo exercício da razão: "Afirmo que o homem está tanto mais em posse de uma plena liberdade quanto mais se deixar guiar pela razão. Pois, nessa medida precisa, sua conduta é determinada por causas que são adequadamente compreensíveis a partir de sua só natureza, ainda que a determinação de sua conduta por essas causas tenha um caráter necessário"[144]. O que diz Espinosa é extremamente preciso: somos livres porque agimos, graças à razão, a partir de nossa natureza singular e não sob a influência de causas exteriores, mas não é menos verdade que nossa conduta não será devida ao acaso, e sim à determinação de nossa própria natureza. Em outros termos, ser livre é ser plenamente si-mesmo; mas ser si-mesmo é responder às determinações de sua natureza. Um homem permanecerá sempre determinado por aquilo que ele é em sua essência singular, que é um modo dos atributos divinos do Pensamento e da Extensão. Nisso, jamais seremos livres para ser outra coisa que aquilo que somos em

---

142 *Ética*. Parte I, definição 7, p. 310.
143 Ibid., proposição 17, corolário e escólio.
144 *Tratado teológico-político*. Op. cit., cap. II, 11, p. 928.

nossa natureza profunda e divina, e, portanto, também para fazer outra coisa que aquilo que nos é possível fazer segundo nossa natureza singular. Por exemplo, um indivíduo de temperamento ativo permanecerá assim toda a sua vida, mas ele poderá agir mais ou menos bem, de maneira mais ou menos conforme à sua natureza profunda, e útil aos outros, o que o tornará mais ou menos livre. Da mesma forma, um indivíduo confrontado a um obstáculo que o contraria poderá reagir de maneira muito diferente conforme seja movido por seus afetos ou pela razão. Se ele consegue dominar seus sentimentos de tristeza, de medo ou de cólera, será mais livre do que se não consegue.

Espinosa redefine assim a liberdade, de uma parte, como intelecção da necessidade, de outra parte, como liberação em relação às paixões. O ignorante será assim escravo de suas paixões, e, finalmente, infeliz, porque encadeado em seus afetos cujas causas ele ignora, enquanto o sábio agirá sob a condução da razão e será feliz, porque liberado da servidão da ignorância e das paixões. A liberdade se opõe ao constrangimento, mas não à necessidade. Somos mais livres quanto menos constrangidos pelas causas exteriores, quando compreendemos a necessidade das leis da Natureza que nos determinam. Consequentemente, a liberação da servidão aumenta nossa potência de agir e nossa alegria, para nos conduzir, como logo veremos, até a alegria infinita da beatitude. Intelecção da necessidade, liberação: é assim que se pode compreender a redefinição da liberdade operada por Espinosa, e, uma vez mais, fiquei espantado ao constatar a que ponto essa concepção se junta àquela do hinduísmo e do budismo, que afirmam o mesmo determinismo cósmico e a mesma possibilidade de atingir a alegria perfeita, através de um conhecimento verdadeiro que proporciona a liberação (*moksha* ou *nirvana*).

Mas por mais que o conhecimento racional nos torne livres, ele é insuficiente para nos conduzir à felicidade suprema, que Espinosa chama de "Beatitude". Por isso, um terceiro gênero de conhecimento é necessário: a ciência intuitiva. Nós vimos que a opinião e a imaginação constituem o primeiro gênero de conhecimento, mas que eles nos mantêm na servidão. O segundo gênero é fundado sobre a razão, que nos permite conhecer e ordenar nossos afetos. O terceiro gênero, que só pode existir no prolongamento do segundo, é a intuição, graças à qual podemos captar a relação entre uma coisa finita e uma coisa infinita, entre a existência modal de nosso corpo e nossa mente e a existência eterna dos atributos divinos. É por ela que podemos perceber a adequação entre nosso mundo interior, ordenado pela razão, e a totalidade do Ser; entre nosso cosmos íntimo e o cosmos inteiro; entre nós e Deus. Essa compreensão intuitiva nos proporciona a maior felicidade, a alegria mais perfeita, pois ela nos faz entrar em ressonância com o universo inteiro: "Quanto mais somos capazes desse gênero de conhecimento, mais somos conscientes de nós mesmos e de Deus, ou seja, mais somos perfeitos e felizes"[145]. E Espinosa não hesita em afirmar que o conhecimento intuitivo nos faz considerar tudo de uma maneira radicalmente nova, conduzindo-nos às mais altas satisfações da mente. Robert Misrahi fala a esse propósito sobre uma espécie de "segundo nascimento", que nos faz entrar na beatitude[146]. Convém, todavia, desconfiar da conotação religiosa do vocabulário utilizado pelo próprio Espinosa. O mesmo Robert Misrahi alerta contra uma interpretação de tipo místico dessa experiência última: "A beatitude espinosista não é uma mística: ela não poderia resultar da fusão de um ser finito com o Ser infinito; ela resulta de uma compreensão racional e intuitiva, e ela é esse conhecimento, ou seja, essa sabedoria"[147]. Mesmo se o vocabulário empregado por Espinosa é às vezes muito próximo daquele dos místicos cristãos,

---

145 *Ética*. Parte V, proposição 31, escólio, p. 586.
146 MISRAHI, R. *100 mots sur l'Éthique de Spinoza*. Les Empêcheurs de penser en rond, 2005, p. 171.
147 Ibid., p. 116.

é preciso com efeito não esquecer que o fundamento dessas experiências difere: de um lado, união a um Deus transcendente pela fé e o coração, de outro, a união a um Deus imanente pela razão e a intuição. Poder-se-ia definir o estágio último do espinosismo como uma mística imanente, ou, melhor ainda, efetivamente – para evitar toda confusão com uma experiência de tipo religioso –, como uma sabedoria, muito próxima, sob vários aspectos, daquelas de Plotino e da Índia. Quanto mais nos elevamos em perfeição e em alegria, "mais participamos da natureza divina" e mais amamos Deus como Deus se ama a si mesmo e aos homens: "Aquele que compreende a si próprio e seus sentimentos, clara e distintamente, ama Deus, e tanto mais quanto mais compreende melhor a si mesmo e seus sentimentos"[148]. Toda a ética de Espinosa começa, portanto, por um conhecimento racional de Deus e termina por um amor de Deus, o qual se desvela, de um lado, pelo conhecimento de si, de outro, pela intuição dessa relação entre nosso cosmos interior e o cosmos inteiro. Quanto mais nos conhecemos, mais colocamos em ordem nossos afetos, mais aumentamos em potência e alegria, e mais participamos da natureza divina e experimentamos esse amor de Deus.

A beatitude, ou alegria perfeita, é, portanto, o fruto de um conhecimento ao mesmo tempo racional e intuitivo que desabrocha em um amor. Não um amor entendido no sentido de uma paixão: nesse sentido, "Deus não ama nem odeia ninguém"[149], afirma Espinosa. Mas um amor universal, fruto da mente: "O amor intelectual da mente para com Deus é o amor mesmo de Deus, pelo qual Deus se ama a si mesmo"[150]. Esse amor intelectual de Deus desabrocha tanto mais quanto mais participamos da natureza divina. Consequentemente, não há nenhuma diferença entre o amor que nós temos por Deus, o

---

148 *Ética*. Parte V, proposição 15, p. 576.
149 Ibid., proposição 17, corolário.
150 Ibid., proposição 36, p. 89.

amor que Deus tem pelos homens ou o amor que Deus tem por ele mesmo: "Donde segue que Deus, enquanto se ama a si mesmo, ama os homens, e por consequência o amor de Deus para com os homens e o amor intelectual da mente para com Deus são uma só e mesma coisa. [...] Isso nos faz compreender claramente em que consiste nossa salvação, em outras palavras, a Beatitude ou a Liberdade: no amor constante e eterno para com Deus, isto é, no amor de Deus para com os homens"[151].

No coração dessa sabedoria do amor, Espinosa introduz uma nova noção, a da eternidade: "O amor intelectual de Deus, que nasce do terceiro gênero de conhecimento, é eterno"[152]. O amor de Deus está além do tempo, e é por isso que ele é eterno. E participando da natureza e do amor divino, "sentimos e experimentamos que somos eternos"[153], afirma o filósofo. Não confundamos imortalidade (uma existência que se estira em um tempo que não termina jamais) com eternidade: um instante fora do tempo, que não tem nem começo nem fim. Experimentar que somos eternos significa viver no instante essa experiência indizível de que podemos existir além da temporalidade, o que Bruno Giuliani exprime muito bem:

> Dizer que a mente se percebe como eterna é dizer que ela se percebe em sua essência mesma como existindo fora do tempo e do espaço. Isso não quer dizer que ela durará indefinidamente. Ao contrário, isso significa que ela não dura: a mente sente simplesmente que é eterna no sentido de que ela se percebe como existindo de uma maneira intemporal, com a mesma necessidade que a eternidade da vida de Deus.

É uma experiência similar àquela descrita por muitos místicos. Pode-se também ter uma ideia disso quando, diante de uma experiência de amor ou de contemplação da beleza do mundo que nos abala,

---

151 Ibid., proposição 36, corolário e escólio, p. 589.
152 Ibid., proposição 35, proposição 33, p. 587.
153 Ibid., proposição 23, escólio, p. 582.

dizemos ter "a impressão de que o tempo para". Eu tive pela primeira vez esse sentimento de eternidade quando, ao sair da infância, fui tomado por um amor infinito e universal, ao ver em uma floresta o sol atravessar uma clareira ainda embrumada. Fiquei um longo tempo a contemplar esse espetáculo que me abalava, mas não havia mais nenhuma noção do tempo. E sentia não somente que o tempo era abolido, mas também toda separação entre mim e o mundo. Eu era um com a natureza, num instante que me fez experimentar esse sentimento de eternidade evocado por Espinosa.

Numa aceleração assaz prodigiosa do seu pensamento, Espinosa salta ainda um passo ao fim da quinta parte da *Ética*: não somente "sentimos que somos eternos", mas nossa mente o é realmente e não poderia desaparecer com a morte: "A mente humana não pode ser absolutamente destruída com o corpo". E Espinosa esclarece que a parte da mente que subsiste à morte do corpo é a parte ativa (aquela do intelecto que formou ideias adequadas), enquanto a parte que perece é a passiva, em outros termos, a imaginação[154]. Assim, quanto mais um ser humano desenvolver sua razão, ideias adequadas, e sua potência de ser e de alegria, maior será a parte de sua mente que sobreviverá à destruição do corpo. Inversamente, a mente de um homem que vive apenas sob o domínio da imaginação e de seus afetos desregrados só sobreviverá pouco, ou nada, ao corpo. Enfim, Espinosa afirma também, tendo em conta a ligação entre corpo e mente, que quanto mais um corpo "tem o poder de ordenar e encadear as afecções do corpo seguindo uma ordem conforme ao intelecto", mais a parte da mente que lhe sobreviverá será importante[155]. Em outras palavras, quanto mais nossos sentimentos e nossas emoções sejam regrados

---

[154] Ibid., proposição 40, corolário.
[155] Ibid., proposição 39, demonstração, p. 592.

pela razão, mais nossas paixões serão transformadas em ações, maior será a parte de nossa mente que subsistirá.

Essa questão da sobrevivência da mente suscitou muitos comentários e controvérsias. Os espinosistas materialistas (principalmente os marxistas, que foram muito numerosos nos anos de 1960-1970, como Louis Althusser) não podem admitir que Espinosa possa assim, em todas as últimas páginas de sua *Ética*, visar a sobrevivência da mente ao corpo, à maneira dos pensamentos religiosos. Isso parece contradizer sua concepção de uma união substancial da mente e do corpo, e lembra também demasiado, segundo eles, um desejo humano de sobrevivência da consciência demais para ser crível. Contudo, pode-se torcer o texto de Espinosa em todos os sentidos, mas é bem isso o que ele afirma em várias passagens. No fundo, acho isso muito lógico: é a parte divina e eterna em nós que subsiste. Os véus do tempo se dissiparão a partir de nossa morte, e nossa mente continuará a viver em Deus, que não tem nem começo nem fim, como uma parte dele mesmo. Isso remete, uma vez mais, à concepção da filosofia indiana do *Advaïta Vedanta*: o *atman* (a parte divina em nós) se junta ao *brahma* (o divino cósmico impessoal) quando ele saiu da ignorância e atingiu a liberação. O que os hindus acrescentam, e sobre aquilo que Espinosa resta silencioso, é que ela se reencarnará uma nova vez em um corpo, se não atingiu a liberação última pelo conhecimento.

Como vimos, a sabedoria espinosista converge em vários pontos com a sabedoria hindu, e fico tão espantado quanto admirado que um homem só, em um contexto onde ele não podia conhecer nada dessa filosofia, tenha podido, em tantos pontos essenciais, defender as mesmas teses. A razão é de fato universal, Espinosa estava convencido disso. E quando ela segue os mesmos caminhos, com o mesmo rigor e o mesmo amor pela verdade, sem se deixar influenciar pelo prisma deformante das crenças (quaisquer que sejam), ela pode chegar, quaisquer que sejam a época e o lugar, a desenvolver argumentos comuns e a viver as mesmas experiências: notadamente aquela do conhecimento intuitivo do amor de Deus, que a faz sair da obscuridade dos meandros do tempo para viver na luz da eternidade. Quando atingiu esse estado, o sábio está em uma alegria que nada nem ninguém pode lhe tirar. É consciente de si mesmo, de Deus e das coisas, e possui sempre a verdadeira satisfação da alma[156]. Consente plenamente à vida, porque sabe que tudo ocorre por necessidade[157]: ele não sente mais ódio nem piedade[158]; o bem que deseja para si mesmo, deseja para todos os outros[159], e responde ao ódio ou ao desprezo com amor[160], porque sabe que "as almas não são vencidas pelas armas, mas pelo amor e a generosidade[161]". Nesse estado último, notaremos que os frutos e os atos da sabedoria e da santidade – tais como Bergson, por exemplo, os descreve a propósito dos grandes místicos – se confundem. Mesmo se seus caminhos foram muito diferentes – um caminhou seguindo a via imanente de sua razão e, o outro, sua fé amante em um Deus transcendente –, o sábio e o santo vivem a beatitude e experimentam que são eternos. Mas Espinosa afirma ainda essa coisa tão potente, que distingue sem dúvida claramente a natureza dessas duas vias de transformação e de realização do ser: "A Beatitude não é a recompensa pela virtude, mas a virtude ela mesma; e nós não gozamos da alegria porque reprimimos nossas inclinações; ao contrário, é porque gozamos da alegria que nós podemos reprimir nossas inclinações"[162]*. Em outros

---

156 Ibid., proposição 42, escólio.
157 Ibid., parte IV, proposição 32.
158 Ibid., proposição 50, escólio.
159 Ibid., proposição 37.
160 Ibid., proposição 46.
161 Ibid., apêndice, 11.
162 Ibid., parte V, proposição 42, p. 595.
* Essa proposição é a conclusão da *Ética* de Espinosa. A tradução utilizada por Lenoir traz importantes diferenças em relação ao texto original. Que o leitor compare a tradução da mesma passagem na edição da Edusp, por exemplo: "A Felicidade [*Beatitudo*] não é o prêmio [*præmium*] da virtude, mas a própria virtude. E não gozamos dela

termos, enquanto a via religiosa ou moral ascética tradicional (ao contrário da mensagem dos Evangelhos, que faz, uma vez mais, eco ao pensamento de Espinosa) espera a alegria como recompensa pela virtude, a sabedoria espinosana parte da experiência da alegria que nós gozamos ao ordenar nossas paixões a fim de aumentar nossa potência de agir, para nos incitar a ordenar nossa vida pela razão. Toda a *Ética* de Espinosa parte da alegria para desembocar na alegria perfeita. É tudo, menos uma moral distributiva: "Se tu ages bem, serás recompensado"; "Sofre, esperando a felicidade". Ela nos propõe, ao contrário, que nos apoiemos sobre o que nos põe na alegria, nos faz crescer, nos torna felizes, para nos engajar cada vez mais resolutamente no caminho da sabedoria, que nos conduzirá, de alegria em alegria, à beatitude e à liberdade.

Como confessa Espinosa nas últimas linhas comoventes da *Ética*, em que se sente despontar sua solitude:

> Se, é verdade, a via que acabo de indicar parece muito árdua, pode-se, contudo, encontrá-la. E certamente deve ser árduo o que tão raramente se encontra. Pois como seria possível, se salvação estivesse aí, ao nosso alcance, e se pudesse encontrá-la sem grande esforço, que ela fosse negligenciada por quase todos? Mas tudo o que é precioso é tão difícil quanto raro.

---

porque coibimos a lascívia [*libidines*], mas, ao contrário, é porque gozamos dela que podemos coibir a lascívia [*libidines*]". Note-se que o termo *alegria* (*joie*) não aparece no texto original de Espinosa. Cf. ESPINOSA. *Ética*. São Paulo: Edusp, 2015, parte V, proposição 42, p. 577 [N.T.].

Conclusão
Grandeza e limites do espinosismo

"O homem livre", escreve Espinosa, "não pensa em nada menos do que na morte, e sua sabedoria é uma meditação, não sobre a morte, mas sobre a vida"[163]. De constituição frágil, segundo seu biógrafo Colerus, atingido pela tuberculose desde a idade de 25 anos, Baruch sabia que não viveria muito tempo. Seus locatários e seus próximos testemunham que ele permaneceu sereno e alegre até seu último sopro, como ele mesmo o confessa numa carta a Blyenbergh: "O exercício de meu poder natural de compreender, que jamais me faltou, fez de mim um homem feliz. Gozo dele, com efeito, não na tristeza e nas lamentações, mas na tranquilidade alegre e na satisfação"[164].

No sábado de 20 de fevereiro de 1677, ele se sente mal e chama seu amigo médico, Louis Meyer. Chegado de Amsterdã, esse último recomenda aos locatários irem ao sermão do pastor após o almoço do meio-dia, e Espinosa morre em seu quarto por volta das 3 horas da tarde. Ele tem 45 anos. Louis Meyer, muito provavelmente, entrega seus manuscritos a seu editor em Amsterdã, Jan Rieuwertz, o qual toma a cargo as despesas do seu enterro na Nieuwe Kerk, a pequena igreja de seus locatários. Uma dezena de anos mais tarde,

---
163 *Ética*. Parte IV, proposição 67, p. 547.
164 "Carta 21". In: *Œuvres complètes*. Op. cit., p. 1.146.

por falta de fundos para prolongar a concessão funerária, seus restos serão dispersos no cemitério contíguo à igreja. Ao anúncio de seu falecimento, sua irmã Rebeca, que não falava com ele desde seu banimento da comunidade judaica, 20 anos antes, reaparece para exigir a herança. Constatando que ele tinha mais dívidas do que bens, ela acaba por desistir. Seus parcos bens, constituídos principalmente de livros, foram vendidos aos credores. Menos de um ano após sua morte, Jan Rieuwertz publica suas obras póstumas, dentre as quais a *Ética*, em uma edição bilingue latim-holandês, sem nome do autor e sob um falso nome de editor. A partir do verão de 1678, a obra é condenada pelas autoridades civis e religiosas e é classificada no *Index* da Igreja Católica em março de 1679, pelo Bispo Niels Stensen (beatificado por João Paulo II), que a qualifica de "mal pestilencial". Conservada nos arquivos do Vaticano, essa obra, mesmo se não se trata do original redigido pelo autor, é a única cópia manuscrita da *Ética* que chegou até nós.

Você terá compreendido, caro leitor, que amo profundamente Baruch de Espinosa. Esse homem me toca por sua autenticidade e sua profunda coerência, por sua doçura e sua tolerância, por suas feridas e seus sofrimentos também, que ele soube sublimar em sua busca incansável pela sabedoria. Eu o amo também porque é um pensador da afirmação. Ele é um dos raros filósofos modernos a não soçobrar no negativismo, em uma visão essencialmente trágica da vida, mas a visar positivamente a existência e a propor um caminho de construção de si, que resulta em alegria e beatitude. Reconheci-me logo nesse trajeto construtivo que não impede, muito pelo contrário, de lançar um olhar lúcido sobre a natureza humana e o mundo. Amo Espinosa porque é um pensador generoso que deseja ajudar seus semelhantes através de sua filosofia e que almeja melhorar o mundo no qual ele se encontra. Eu o amo ainda, e talvez sobretudo, por sua coragem: com e contra todos, ele permaneceu fiel a seu amor pela verdade, preferindo a liberdade de pensar à segurança da família, da comunidade, do conformismo intelectual. Ele foi vítima das piores calúnias, renegado pelos seus, viveu sob a ameaça permanente, e sempre permaneceu fiel à sua linha de conduta. Foi odiado, mas jamais odiou. Foi traído, mas jamais traiu. Foi zombado, mas jamais desprezou ninguém. Frequentemente insultado, ele sempre respondeu com respeito. Viveu sobriamente, dignamente, sempre em perfeita coerência com suas ideias, o que quase nenhum intelectual – e me incluo aí – é capaz de fazer. Amo Espinosa e o considero como um amigo caro em minha busca pela sabedoria.

Sou, entretanto, um espinosista? Sob vários aspectos sim, e vou voltar a isso. Sobre alguns pontos, todavia, não me reconheço no pensamento de Espinosa. Não tive ocasião de evocar ao longo dessa obra dois pontos de vista que ele exprime rapidamente em sua obra, mas com os quais estou em profundo desacordo: sua concepção da mulher e sua visão sobre os animais.

Quando ele faleceu, em 21 de fevereiro de 1677, acabara de escrever um parágrafo do *Tratado político* (inacabado), consagrado à questão do direito de voto na democracia. Ora, Espinosa explica que as mulheres, como as crianças, devem ser excluídas dela, pelo fato de dependerem de seus maridos. Ele põe em seguida uma boa questão: Essa dependência em relação ao seu marido deriva de uma instituição cultural ou de sua natureza mesma? Contra todas as expectativas, Espinosa cai então nos preconceitos de sua época, e nos explica que "a condição das mulheres deriva de sua fraqueza natural". Sua argumentação, muito pobre, não repousa senão sobre uma constatação empírica: "Em nenhuma parte, com efeito, ocorreu de homens e mulheres governarem juntos. Em todos os países da terra onde vivem homens e mulheres, nós vemos os primeiros reinar e, as segundas, sofrer sua dominação. Dessa maneira os dois sexos conhecem a paz"[165]. Embora tenha conseguido ultrapassar os preconceitos de sua cultura e de seu tempo em muitos domínios, Espinosa não soube levar mais longe sua reflexão sobre essa questão. Eu mesmo me perguntei se ele tinha digerido totalmente sua desventura amorosa, ou se esta não o havia cegamente ancorado na misoginia congenital das sociedades patriarcais...

Outra ideia que não partilho: sua concepção utilitarista dos animais, também aqui perfeitamente conforme com os preconceitos de seu tempo. Na esteira dos filósofos da Antiguidade e dos teólogos cristãos, ele considera com efeito que se os homens, dotados de razão, buscam entre si a justiça e a concórdia, eles podem fazer uso do resto da natureza, e notadamente dos animais, como bem lhes parecer: "Não nego que as bestas tenham consciência [contrariamente a Descartes], mas nego que seja por isso proibido pensar em nossa utilidade e nos servir das bestas ao nosso sabor e tratá-las segundo o que melhor nos convém, pois que elas não concordam com nossa natureza e que seus sentimentos são, por natureza, diferentes dos sentimentos humanos"[166]. Sobre essa questão, Montaigne foi um verdadeiro precursor, mostrando o quanto os animais eram, em muitos aspectos, mais inteligentes e sensíveis que nós, e que era preciso sair da lógica ancestral do "próprio do homem", que não é mais do que um álibi para os explorar conforme nossa conveniência, com a consciência tranquila.

Outro ponto de divergência: o racionalismo absoluto de Espinosa. Tanto creio, como ele, que a razão humana é universal e pode buscar compreender as leis do universo, quanto penso que a totalidade do real não é apreensível somente pela razão lógica. A revolução operada pela física quântica nos mostrou que era preciso sair de nossa lógica binária clássica para poder compreender a complexidade do mundo,

---

165 *Tratado político*, cap. 11, § 4. In: *Œuvres complètes*. Op. cit., p. 1.044.
166 *Ética*. Parte IV, proposição 37, escólio, p. 521.

o que havia de fato desestabilizado Einstein quando lhe apresentaram a teoria da "não separabilidade". Ainda que Espinosa tenha percebido os limites do racionalismo em metafísica, o que o levou a descobrir o conhecimento intuitivo, ele permanece muito cartesiano em sua maneira de apreender os fenômenos naturais, e tudo o que se chama hoje de "paranormal" lhe parece pura quimera, um ponto de vista de que não partilho. Analisando tudo a partir da lei da causalidade, ele passa, por exemplo, ao largo dos fenômenos de sincronicidade, tais como Jung tão bem explicitou: dois eventos simultâneos não ligados por uma causa, mas por seu sentido. Mais profundamente ainda, não creio na possibilidade mesma de um sistema fechado, fundado numa lógica geométrica. Ainda que confesse não ter compreendido todas as sutilizas dele, não penso que o sistema racional de Espinosa, explicando de maneira lógica a totalidade do real, seja possível. Estou convencido de que a razão lógica não pode explicar tudo, e eu emitiria também dúvidas sobre o determinismo absoluto sobre o qual se funda um tal sistema. Sobre isso, remeto à crítica radical – mas honesta e brilhante – do sistema espinosista que Luc Ferry efetuou[167]. Mesmo se o sistema tem seus limites, isso não quer dizer que tudo desaba como um castelo de cartas, como o pensa Luc Ferry, que julga a empreitada espinosista "delirante". Mesmo se não subscrevemos o sistema, podemos ser deslumbrados, tocados em profundidade e intelectualmente alimentados pela quantidade de proposições espinosistas. Vimos que Espinosa não cessa de abalar os códigos tradicionais da filosofia ética. Ele caminha e nos leva a fazê-lo fora das sendas batidas do pensamento filosófico e religioso. Ele nos convida sem cessar a mudar nosso olhar, a deixar o "pensamento pronto" para pensar melhor, ver mais longe, isto é, além. Aceito seu monismo metafísico e sua filosofia imanentista, que faz

---

[167] FERRY, L. *Spinoza et Leibniz* – Le bonheur par la raison. Flammarion, 2012 [Col. "Sagesses d'hier et d'aujourd'hui"].

tão estranhamente eco àquela da Índia, ainda que eu tenha vivido experiências espirituais que abalaram meu coração tanto quanto minha inteligência, e que eu tenha com o Cristo um laço mais afetivo do que simplesmente racional. Aceito igualmente sua concepção monista do corpo e da mente. Subscrevo plenamente sua antropologia, que põe o *conatus*, o desejo e a alegria como fundamentos da ética. Aceito sua crítica radical da superstição religiosa e subscrevo sua leitura racional e crítica da Bíblia. Reconheço-me naturalmente tanto em sua visão política – premonitória – de nossas democracias modernas, quanto no laço que ele estabelece entre ética e política: a mudança mais profunda virá dos indivíduos que viverem sob o comando da razão. Como ele, tento não zombar, não julgar, não lamentar ou me encolerizar, mas, antes, compreender e agir. E sobretudo, como ele, busco a verdade e a sabedoria, tentando levar uma vida boa e feliz. Subscrevo, portanto, a estas afirmações de André Comte-Sponville: "Há várias moradas na casa do filósofo, e a de Espinosa permanece a meus olhos a mais bela, a mais alta, a mais vasta. Azar o nosso se não somos absolutamente capazes de habitá-la!"[168]

Córsega, primavera-verão, 2017.

---

[168] "Spinoza, voir le monde autrement". *Philosophie Magazine*, abr.-jun./2016, p. 130 (ed. esgotada).

Posfácio

Uma conversa com Robert Misrahi

Repassei as provas de meu livro a dois filósofos que conhecem muito bem a filosofia de Espinosa, a fim de colher suas visões e suas críticas. Agradeço vivamente antes de tudo a Bruno Giuliani, por suas notas pertinentes que me permitiram fazer algumas preciosas *nuanças* ao texto. Obrigado de todo o coração também a Robert Misrahi, que dedicou seu tempo para reler atentamente esta obra.

Atualmente com 91 anos, Robert Misrahi descobriu Espinosa quando tinha 16 anos e não o deixou mais, ainda que ele tenha cometido algumas infidelidades com Sartre sobre a questão do livre-arbítrio! Durante 65 anos, ele leu, traduziu e comentou incansavelmente o pensamento daquele que traz o mesmo prenome que ele: Béni [Bento]. Imigrado de uma família judaica de origem turca, Béni escolheu quando criança o prenome de Robert para melhor se integrar na França, em um contexto de antissemitismo violento. No momento mesmo em que descobre a *Ética* de Espinosa, ele escapa por pouco da *Incursão do Velódromo de Inverno** e recusa usar a

---

* Referência a um episódio trágico da história francesa. Em julho de 1942, mais de 13 mil judeus refugiados na França foram levados pelas forças policiais francesas, que agiam em nome do governo nazista alemão, para o Velódromo de Inverno, onde ficaram presas por dois dias, antes de serem deportadas para campos de concentra-

estrela amarela, correndo perigo de vida. Já mortificado por uma infância dolorosa (sua mãe foi definitivamente internada num hospital psiquiátrico quando ele tinha apenas 8 anos e seu pai vivenciou um desemprego quase crônico), Robert se lança na filosofia com 16 anos, sem dúvida para salvar sua pele, tal como seu mentor, Baruch de Espinosa. No ano seguinte, em 1943, ele lê, desde sua publicação, *O ser e o nada*, de um filósofo quase desconhecido: Jean-Paul Sartre. É seu segundo impacto filosófico e ele torna-se próximo do filósofo, que financiará seus estudos de filosofia até a *agregação**. Robert Misrahi ensina por longo tempo na Sorbonne desenvolvendo uma obra toda pessoal, centrada sobre a busca da felicidade, e multiplicando as publicações e as traduções de Espinosa, do qual ele se torna um especialista mundialmente reconhecido.

Após ter lido meu manuscrito, Béni-Robert Misrahi me enviou uma carta para partilhar suas notas e, sobretudo, suas divergências sobre algumas de minhas interpretações do pensamento de Espinosa, principalmente no que concerne à questão de Deus. Com seu acordo, desejei publicar sua carta e a resposta que eu lhe dei, pois pensei que esta conversa poderia interessar ao leitor, mostrando como o pensamento de um grande filósofo dá sempre lugar a ricos debates.

Caro Frédéric,

Foi com uma grande alegria que li seu belo livro sobre Espinosa. Amei seu amor sincero pelo filósofo e admirei o retrato tão concreto e bem informado que você faz de nosso amigo comum. E também admirei seu estilo ao mesmo tempo simples e dinâmico, esse estilo que

---

ção na Alemanha. Estima-se que quase um terço eram crianças. Quase todos foram exterminados. Na época, judeus-franceses, isto é, judeus de nacionalidade francesa, como Robert Misrahi, foram poupados [N.T.].

* No original, *agrégation*. Trata-se de um dos níveis mais altos da carreira docente, no sistema educacional francês [N.T.].

de fato dará em seus leitores vontade de ler Espinosa, e já os auxiliará a viver melhor, como você bem o lembrou.

A amizade que nos liga me sugere partilhar com você algumas reservas concernentes à sua interpretação do espinosismo. Elas fazem parte de nosso esforço comum para difundir sempre mais a doutrina de Espinosa. Sabemos ambos que face a um mesmo texto as interpretações podem ser numerosas e divergentes, sua interpretação comparativa sendo destinada não a sublinhar o trabalho dos comentadores, mas a aumentar a compreensão do texto-fonte. A esse respeito, penso que uma "interpretação" se aproximará tanto mais da intenção do autor quanto mais ela trouxer o maior número de fatos em apoio de sua tese.

É assim que, a propósito da ontologia de Espinosa, divergimos radicalmente: para mim, Espinosa nos propõe um "ateísmo polido" (como dizia o eminente historiador da filosofia Henri Gouhier), doutrina que nomearei "ateísmo mascarado", para retomar o termo mascarado que se aplicou sem escândalo à filosofia de Descartes. Quais são meus argumentos para defender essa tese que não é nem uma postura nem um oportunismo? Citemos primeiro alguns fatos, tanto textuais quanto históricos.

Caro Frédéric, vi que você não retoma a divisa que Espinosa tinha inscrito sobre seu selo e que esclarece toda a sua obra "Caute, cuidado!". Seria Espinosa prudente demais? Mas não tinha ele sido excomungado por sua comunidade, que o considerava como... ateu? Não havia Espinosa sido vítima de uma tentativa de assassinato à facada? O terrorismo bárbaro, deve ele receber um nome moderno para ser reconhecido como tal e sugerir a prudência? As guerras de religião, cessaram elas no século XVII? Nessa perspectiva, por que não ter em conta o fato (que você evoca bem) segundo o qual os antepassados de Espinosa foram talvez judeus marranos da Península Ibérica, judeus falsamente convertidos ao cristianismo para sobreviver, mas secretamente "judeus em privado"? Não existe em um país calvinista do século XVII a possibilidade de ser secretamente ateu?

A esse fato (a utilização por Espinosa da divisa "Caute") acrescenta-se o da "Carta 42", de Lambert de Velthuysen (transmitida por Jacob Osten), que Spinoza responde na "Carta 43" a Jacob Osten*.

Mas enquanto a carta de Velthuysen é um longo estudo teológico e uma crítica da ausência em Espinosa de um deus pessoal e criador, Espinosa se contenta numa curta missiva em proclamar que ele não é ateu porque não é de modos libertinos. De fato, prudente, nosso amigo Espinosa não responde a nenhuma questão teológica ou ontológica. Ele opera um deslocamento. Má-fé? Acusar-se-ia Jean Moulin** de má-fé porque vivendo na clandestinidade? Temos nós o direito de exigir de Espinosa uma transparência heroica e suicida?

Outros fatos corroboram nossa interpretação. Espinosa esclarece na Ética *que convém dar aos termos que ele emprega apenas o sentido que ele mesmo atribui em suas próprias definições, e acrescenta que só o dirá* uma vez *(como o sublinha Leo Strauss). Ora, é precisamente uma só vez que ele escreve:* Deus sive Natura, Deus, *ou seja (o que é o mesmo), a* Natureza, *(Ética IV, 4, demonstração).*

Espinosa não fala jamais de um deus pessoal, e não hesita em afirmar que a ideia da encarnação em um corpo humano de um Deus infinito é "absurda". Ele não exprime menos, isso é exato, sua admiração pela pessoa do Cristo, que é como que o espírito de Deus no homem ("Deus", se o lembrarmos, sendo toda a realidade material [atributo "Extensão"] e toda a cultura humana [atributo "Pensamento"]). Pode-se, portanto, identificar a marca do respeito que Espinosa exprime

---

* O texto em francês nos pareceu aqui um pouco obscuro, a passagem podendo se prestar a alguma confusão. A "Carta 42" foi originalmente escrita por Lambert de Velthuysen e endereçada a Jacob Osten, que indiretamente a transmitiu a Espinosa. Este, na "Carta 43", responde a Osten, que provavelmente repassou a resposta a Velthuysen. A "Carta 42" é considerada a primeira crítica importante ao *Tratado teológico-político* de Espinosa [N.T.].

** Jean Moulin (1899-1943) foi um conhecido herói do período da resistência francesa aos nazistas. No final de 1941, teve que se exilar em Londres, fugindo do governo colaboracionista de Vichy, passando a viver de forma relativamente clandestina [N.T.].

em relação a seus fiéis amigos cristãos e uma declaração de reconforto com relação a uma religião qualquer.

Se é claro, a meus olhos, que Espinosa não sustenta jamais, mas combate sempre a ideia de um deus pessoal; se é igualmente claro para mim que a ideia de um deus criador que seria totalmente determinado (como o Deus sive Natura*) é contradição em termos, pois que "criação" supõe "liberdade", então devo me render à evidência: um deus determinado não é um deus todo-poderoso e o espinosismo é um ateísmo (a-teísmo).*

Como é possível, portanto, que em um país laico se tenha às vezes dificuldade em reconhecer que uma doutrina de sabedoria possa ser um ateísmo? E por que seria preciso que a mais magnífica e a mais elaborada das doutrinas éticas seja um simples deísmo a la Voltaire? Por que rebaixar a exceção? O ateísmo seria subversivo?

Eu teria ainda uma nota a formular concernente à vida afetiva e, portanto, ao desejo (do qual você reconheceu bem o lugar central). Com todo rigor e fidelidade ao texto tão pesado de Espinosa, não se pode, como o faz entretanto Apphun, traduzir por um só termo ("afecção") esses dois termos latinos tão precisos: affectus *(afeto) e* affectio *(afecção). Uma tal tradução conduz a um contrassenso grave, como o prova a tradução da definição 3 da parte III da* Ética, *que define justamente o afeto como uma afecção do corpo e da ideia dessa afecção: não se pode incluir em uma definição o termo mesmo que se define, como obriga a fazê-lo a tradução de Apphun. Mas não se pode tampouco, para um mesmo termo em latim,* affectus, *tão preciso e tão central, utilizar indiferentemente uma tradução por dois termos, afeto e sentimento. A tradução por Roger Caillois de* affectus *por "sentimento" é arbitrária e inutilmente moderna. A tradução de* affectus *por "sentimento" apenas enfraquece seu próprio texto que, no entanto, soube reconhecer, pela tradução "afeto", o aporte considerável de Espinosa ao conhecimento da mente humana. "Afeto" nos leva a Freud, que você evoca com justiça. Mas eu lhe diria uma vez mais por que não penso que haja um* "inconsciente" em Espinosa (cf. a definição do afeto em Ética, III, def. 3). Mas se trata aqui de "interpretações" e, nós dois o reconhecemos alegremente, elas são todas livres.

Caro Frédéric, malgrado essas divergências de interpretação, devo lhe felicitar por seu livro tão exato e tão vivaz. Lendo seu texto, eu tive o sentimento de estar situado no coração mesmo do espinosismo; você soube dar dessa doutrina tão rica ao mesmo tempo uma imagem verdadeira e uma significação dinâmica que abre sobre um devir de liberdade e alegria.

Quero exprimir minha viva amizade e minha admiração.

Robert Misrahi

***

Caro Robert,

Estou feliz, e honrado, que você tenha lido "com alegria" este pequeno livro, que não tem outra ambição senão oferecer a um largo público a vida e o pensamento daquele que nós dois consideramos como o maior dos filósofos. Não somente pela profundidade e a lucidez de seu pensamento, mas também porque este pode ter um impacto considerável sobre nossas vidas. Eu lhe agradeço do fundo do coração por essa leitura atenta e suas críticas.

Você sublinha com efeito, e eu sou grato por isso, algumas divergências de interpretação na leitura da *Ética*. Sobre o segundo ponto, que é o menor, tomei o cuidado de traduzir diferentemente *affectio* (afecção) e *affectus* (afeto), mas é verdade que às vezes segui Roger Caillois em sua tradução de *affectus* por "sentimento", pois acho a expressão mais eloquente a nós contemporâneos, associando-a a maior parte do tempo ao termo mais exato de "afeto".

A questão de Deus e do ateísmo de Espinosa é essencial e, ainda que não tendo nem sua ciência nem sua longa frequentação de

Espinosa, permaneço em desacordo com você, e gostaria de muito brevemente lembrar as razões disso. Estamos inicialmente de acordo sobre um ponto essencial: bem entendido, Espinosa não crê em um Deus pessoal e criador, a saber, aquele das religiões monoteístas. Eu o lembro várias vezes. Mas onde nossos pontos de vista divergem é que você pensa que Espinosa utiliza (muito frequentemente) a palavra Deus por precaução, e que, uma vez que a definição que dele oferece está muito distante da concepção monoteísta, a palavra é esvaziada de sua substância e só é utilizada para fins de prudência. Não creio nisso de modo algum. Também eu lembrei aqui muitas vezes a prudência de Espinosa, que publicou seu *Tratado teológico-político* de maneira anônima, que renunciou a publicar a *Ética* durante sua vida, e não deixei tampouco de lembrar que ele havia escolhido por divisa a palavra latina *Caute*, "Cuidado!". Permaneço, no entanto, convencido de que ele não escreveu o que quer que seja que ele não pensasse verdadeiramente, seja sobre Deus ou todo e qualquer outro assunto. E se a questão de Deus era estranha à sua doutrina, mas um artifício simples para se conciliar às boas graças de seus amigos cristãos e evitar os golpes das autoridades religiosas e públicas, que necessidade tinha ele de consagrar a ela o primeiro e o último livros de sua obra maior? Bastaria fazer brevemente alusão a ela e consagrar seu livro à sua visão antropológica e ética radicalmente nova, fundada sobre o *conatus*, o desejo e a alegria. Ora, parece evidente que Espinosa tem a ambição de fundar sua ética sobre uma metafísica. Ele parte de Deus, esse "ser absolutamente infinito" (*Ética*, I, def. 6), e afirma que "todas as coisas são em Deus e dependem dele" (*Ética*, I, apêndice), antes de descer às profundezas da psique humana para voltar a Deus através da liberação da servidão e do acesso à Beatitude por meio do "amor intelectual de Deus que é eterno" (*Ética*, V, proposição 33), do qual ele fala, com toda evidência, como uma experiência vivida.

Parece-me, caro Robert, que você reduz a definição de Deus àquela dada pelas tradições monoteístas ocidentais – um ser pessoal e criador –, o que o conduz logicamente a pensar que Espinosa constrói seu sistema falando de um Deus no qual ele não crê. Ora, justamente, Espinosa redefine de alto a baixo o conceito de Deus. E, como explico no capítulo sobre "o Deus de Espinosa", sua visão não dualista e imanente de Deus se junta, de maneira espantosa, àquela das grandes sabedorias da Índia e da China. Sem tê-las conhecido, Espinosa dá uma definição do divino que lembra muito a do *brahma* hindu ou do *Tao* chinês. Bela prova do caráter universal da razão humana! Esse divino impessoal e cósmico é para Espinosa não somente uma realidade, mas a própria realidade última. Tinha ele necessidade de chamá-lo "Deus", sob o risco de criar uma confusão com a definição radicalmente diferente que dele davam seus contemporâneos em nossa tradição judaico-cristã? É aqui que me junto a você: a utilização da palavra Deus é sem dúvida requerida para atenuar o caráter revolucionário de sua metafísica monista. É provável, se tivesse vivido em nossa época, que Espinosa tivesse evitado essa palavra demasiado conotada e saturada de sentido. Mas isso, para mim, no fundo, não muda nada: Espinosa propõe uma nova definição de Deus, que ele considera como a mais acabada. Ele não *crê* na representação que ele julga infantil do Deus ao qual seus semelhantes prestam culto, mas *pensa* Deus como um ser infinito, princípio de razão e modelo de vida boa, e esse pensamento de "Deus" o colocou na alegria e governou toda a sua vida. Chamemos a isso de "ateísmo" se você quiser, já que você entende permanecer na definição bíblica de Deus, mas eu compreendo por que Espinosa sempre recusou esse qualificativo, ele que tinha por ambição ultrapassar a crença religiosa para inventar um pensamento filosófico sobre isso que, à falta de melhor, chama-se universalmente, e muito diversamente, "Deus". Todavia, a fim de evitar todo mal-entendido, poderíamos falar de "panteísmo", mais do que de "teísmo", para qualificar sua concepção de um Deus identificado à Natureza, o que reconciliaria talvez, em parte, nossas duas visões?

Agradecendo-lhe ainda muito calorosamente, reafirmo minha grande estima e minha amizade fiel.

Frédéric

***

Caro Frédéric,
Agradeço sua resposta à minha carta. Estou feliz que tenhamos podido manifestar na amizade nossas diferentes aproximações do espinosismo e retenho particularmente o fato de que você diz que, sim, há em Espinosa um "Deus identificado à Natureza".
Com toda minha fiel amizade,

Robert

Referências

Obras de Espinosa

Utilizei aqui as *Œuvres complètes*, publicadas na Pléiade (Gallimard, 1954), muito bem traduzidas e anotadas por Roger Caillois, Madeline Francès e Robert Misrahi.

Para aqueles que desejarem ler a *Ética*, recomendo a tradução de Bernard Pautrat (Seuil, coleção "Point essais", 1988) ou a de Robert Misrahi (Le livre de Poche [bolso], 2011).

Existem milhares de obras sobre Espinosa e sobre a *Ética* e dentre elas li muito pouco, preferindo me concentrar sobre os textos do autor. Apresentarei aqui algumas que achei úteis.

Comentadores da *Ética*

ANSAY, P. *Spinoza peut nous sauver la vie*. (Obra atípica e engraçada, mas confiável e muito acessível.)

DELEUZE, G. *Spinoza, philosophie pratique*. Minuit, 1981. (Indispensável; leitura exigente.) [DELEUZE, G. *Espinosa* – filosofia prática. São Paulo: Escuta, 2002.]

GIULIANI, B. *Le Bonheur selon Spinoza*. L' *Éthique* reformulée pour notre temps. Almora, 2011. (O autor reescreveu completamente a

Ética para torná-la mais acessível a seus contemporâneos; talvez desviante para os amantes do texto original, mas no fundo fiel e eficaz.)

MISRAHI, R. *100 mots sur l' Éthique de Spinoza*. Les Empêcheurs de tourner en rond, 2005. (Muito precioso para acompanhar uma leitura contínua do livro.)

SUHAMY, A. *Spinoza, pas à pas*. Ellipses, 2011. (Um comentário preciso e esclarecedor do texto, mas às vezes exigente.)

Livros sobre Espinosa

DAMASIO, A. *Spinoza avait raison* – Joie et tristesse, le cerveau des émotions. Odile Jacob, 2003. (O ponto de vista interessante de um célebre neurocientista americano sobre o pensamento de Espinosa. Leitura às vezes árida.) [DAMASIO, A. *Em busca de Espinosa* – Prazer e dor na ciência dos sentimentos. São Paulo: Companhia das Letras, 2004.]

FERRY, L. *Spinoza et Leibniz* – Le bonheur par la raison. Flammarion, 2012. [Col. "Sagesses d'hier et d'aujourd'hui".] (Uma crítica radical, mas estimulante, do espinosismo.)

MISRAHI, R. *Spinoza, une philosophie de la joie*. (Excelente introdução ao pensamento de Espinosa, com preciosos comentários do autor ao fim da obra.)

MOREAU, P.-F. *Spinoza et le spinozisme*. PUF, 2003. (Um bom "Que sais-je ?", escrito por um fino conhecedor do pensamento do filósofo.)

YALOM, I. *Le Problème Spinoza* . Le Livre de Poche, 2014. (Romance apaixonante e bem documentado, que põe em paralelo a vida de Espinosa e a do ideólogo nazista Rosenberg. A filosofia de Espinosa é apenas evocada.)

Do mesmo autor (obras disponíveis)

Ficção

Bonté divine! Teatro. Albin Michel, 2009 [com Louis-Michel Colla].

Cœur de cristal. Conto. Robert Laffont, 2014; Pocket, 2016.

L'Âme du monde. Conto de sabedoria. Nil, 2012. Versão ilustrada por Alexis Chabert: Nil, 2013; Pocket, 2014.

L'Élu, le fabuleux bilan des années Bush. Roteiro de uma HQ desenhada por Alexis Chabert. Vent des Savanes, 2008.

L'Oracle della Luna. Tomo 1: *Le Maître des Abruzzes*. Roteiro de uma HQ desenhada por Griffo. Glénat, 2012. Tomo 2: *Les Amants de Venise*, 2013. Tomo 3: *Les Hommes en rouge*, 2013. Tomo 4: *La Fille du sage*, 2016.

L'Oracle della Luna. Romance. Albin Michel, 2006; Le Livre de Poche, 2008.

La Parole perdue. Romance. Albin Michel, 2011; Le Livre de Poche, 2012 [com Violette Cabesos].

La Promesse de l'ange. Romance. Albin Michel, 2004; Le Livre de Poche, 2006 [com Violette Cabesos]. Prêmio *Des Maisons de la Presse* 2004.

La Prophétie des Deux Mondes. Roteiro de uma saga HQ desenhada por Alexis Chabert, 4 tomos. Vent des Savanes, 2003-2008.

Le Secret. Fábula. Albin Michel, 2001; Le Livre de Poche, 2003.

Nina. Romance. Stock, 2013; Le Livre de Poche, 2014 [com Simonetta Greggio].

Ensaios e documentos

Code Da Vinci, l'enquête. Robert Laffont, 2004; Points, 2006 [com Marie-France e Chegoin].

Comment Jésus est devenu Dieu. Fayard, 2010; Le Livre de Poche, 2012.

Du bonheur, un voyage philosophique. Fayard, 2013; Le Livre de Poche, 2015.

François, le printemps de l'Évangile. Fayard, 2014; Le Livre de Poche, 2015.

La Guérison du monde. Fayard, 2012; Le Livre de Poche, 2014.

La Puissance de la joie. Fayard, 2015.

La Rencontre du bouddhisme et de l'Occident. Fayard, 1999; Albin Michel, 2001-2002 [Col. "Spiritualités vivantes"].

La Saga des francs-maçons. Robert Laffont, 2009; Points, 2010 [com Marie-France e Chegoin].

Le Bouddhisme en France. Fayard, 1999.

Le Christ philosophe. Plon, 2007; Points, 2009.

L'Épopée des Tibétains. Fayard, 2002 [com Laurent Deshayes].

Les Métamorphoses de Dieu. Plon, 2003; Pluriel, 2005. Prêmio Europeu dos Escritores de Língua Francesa 2004.

Lettre ouverte aux animaux (et à ceux qui les aiment). Fayard, 2017.

Mère Teresa. Plon, 1993 [com Estelle Saint-Martin].

Petit traité d'histoire des religions. Plon, 2008; Points, 2011.

Petit traité de vie intérieure. Plon, 2010; Pocket, 2012.

Philosopher et méditer avec les enfants. Albin Michel, 2016.

Socrate, Jésus, Bouddha. Fayard, 2009; Le Livre de Poche, 2011.

Tibet, 20 clés pour comprendre. Plon, 2008; Points, 2010. Prêmio "Livres et droits de l'homme" da cidade de Nancy.

Entrevistas

Au Cœur de l'amour, com M.-D. Philippe. Fayard, 1987.

Dieu, com Marie Drucker. Robert Laffont, 2011; Pocket, 2013.

Entretiens sur la fin des temps, com Jean-Claude Carrière, Jean Delumeau, Umberto Eco & Stephen Jay Gould. Fayard, 1998; Pocket, 1999.

Les Communautés nouvelles. Fayard, 1988.

Le Moine et le Lama, com Dom Robert le Gall & Lama Jigmé Rinpoché. Fayard, 2001; Le Livre de Poche, 2003.

Les Risques de la solidarité, com B. Holzer. Fayard, 1989.

Le Temps de la responsabilité – Entretiens sur l'éthique. Posfácio de Paul Ricœur. Fayard, 1991; Pluriel, 2013.

Les Trois Sagesses, com M.-D. Philippe. Fayard, 1994.

Mal de Terre, com Hubert Reeves. Seuil, 2003; Points, 2005.

Mon Dieu... Pourquoi?, com o Abade Pierre. Plon, 2005.

Oser l'émerveillement, com Leili Anvar. Albin Michel, 2016.

Sagesse pour notre temps, com Leili Anvar. Albin Michel, 2016.

Sommes-nous seuls dans l'univers?, com J. Heidmann, A. Vidalmadjar, N. Prantzos & H. Reeves. Fayard, 2000; Le Livre de Poche, 2002.

Organização de obras enciclopédicas

Encyclopédie des religions, 2 vol. Bayard, 1997 e 2000 [com Ysé Tardan-Masquelier] (bolso).

Le Livre des sagesses. Bayard, 2002 e 2005 [com Ysé Tardan-Masquelier] (bolso).

La Mort et l'immortalité. Encyclopédie des croyances et des savoirs. Bayard, 2004 [com Jean-Philippe de Tonnac].

Você pode encontrar a atualidade de
Frédéric Lenoir em sua página no Facebook
e em seu site www.fredericlenoir.com e
apoiar suas ações em favor das crianças
na fondationseve.org e dos animais em
ensemblepourlesanimaux.org